숫자에 약한 사람들을 위한
진짜 쉬운 회계 책

숫자에 약한 사람들을 위한

진짜 쉬운 회계책

세리사법인 아이택스 감수 | **오시연** 옮김

시그마북스
Sigma Books

숫자에 약한 사람들을 위한
진짜 쉬운 회계 책

발행일 2021년 5월 20일 초판 1쇄 발행
감수자 세리사법인 아이택스
옮긴이 오시연
발행인 강학경
발행처 시그마북스
마케팅 정제용
에디터 윤원진, 장민정, 최윤정, 최연정
디자인 우주연, 김문배, 강경희

등록번호 제10-965호
주소 서울특별시 영등포구 양평로 22길 21 선유도코오롱디지털타워 A402호
전자우편 sigmabooks@spress.co.kr
홈페이지 http://www.sigmabooks.co.kr
전화 (02) 2062-5288~9
팩시밀리 (02) 323-4197
ISBN 979-11-91307-31-3(03320)

ZUKAI 'DEKIRU HITO' WA SUJI NI TSUYOI!
BUKI NI NARU KAISHA NO SUJI
Copyright © 2020 by Liberalsya
All rights reserved.
Design by Yoshio MIYASHITA
First original Japanese edition published by Liberalsya, Japan.
Korean translation rights arranged with PHP Institute, Inc.
through EntersKorea Co., Ltd.

숫자에 눈을 뜨니,

일이 쉬워졌다!

＜일러두기＞
원서의 일부 용어나 사례는 독자의 이해를 돕기 위해 한국 실정에 맞추어 번역·수정하였습니다.

시작하며

기업의 숫자를 알게 되면 즐겁게 일하는 시간이 늘어난다. 그 숫자를 통해 자신이 하는 일의 본질과 전체 상을 알게 되기 때문이다.

사내에는 다양한 부서가 있으며 업무 내용도 천차만별이다. 그러나 숫자를 빼고 할 수 있는 일은 없다. 일의 내용에 따라 취급하는 숫자는 전혀 다르지만, 그 숫자들은 모두 기업의 최종 목표인 이익과 연결된다. 그리고 그 이익이 있기에 기업이 존재하고 우리가 지속적으로 일할 수 있다. 다시 말해, 숫자는 제각각인 부서를 연결해 전체적인 모습을 파악할 수 있게 하는 연결고리이다.

이 책은 기업의 숫자, 재무제표, 경영분석이라는 세 가지 큰 틀로 나누어 직장인을 비롯해 경영자, 투자자 등 많은 이가 꼭 알아두어야 할 기본 내용을 담고 있다. 배경 지식이 없어도 이해할 수 있도록 그림을 곁들여 가며 쉽게 풀어 설명했다.

매출, 비용, 이익 등 누구나 사용하는 숫자는 물론, 재고자산과 원가계산 등 경쟁사와 차별화하는 데 필요한 숫자도 알아두

자. 그러면 왜 자신이 이 일을 하고 있는지, 자신의 능력을 향상시키려면 무엇이 필요한지가 보이기 시작할 것이다. 또한 이 책에서는 경제를 이해하는 데 필요한 기본 지식도 설명한다.

이 책을 읽고 기업의 숫자를 이해해서 당신이 즐겁게 일하는 데 도움이 되기를 바란다.

차례

Chapter 02 일이 즐거워지는 기업의 숫자

Chapter 03 나도 이제 프로 직장인! 재무제표의 기초

Chapter 04 업무와 재테크에 활용할 수 있는 경영분석

Chapter 05 당신의 업무를 도와주는 경제학의 기본

업무의 기초를 알려주는
기업의 숫자

01
기업의 숫자는
비즈니스의 열쇠다

▎숫자 없이는 객관성도 없다

기업의 최대 목적인 수익뿐 아니라 업무 상황과 결과, 목표 등 기업의 모든 활동은 숫자로 표시된다. 기업의 숫자는 사람들이 업무 내용과 상황을 객관적으로 파악하고 다양한 각도에서 분석할 수 있게 한다.

비즈니스는 숫자로 모든 것을 말한다. 숫자가 없는 보고는 정확도와 신뢰성이 떨어진다.

☑ 계수 감각을 키워라

숫자로 기업활동을 이해하는 힘을 계수 감각이라고 한다. 계수 감각은 기업의 숫자를 근거로 전체적인 모습과 문제의 본질을 파악하는 능력이므로 직장인이 갖춰야 할 필수 항목이라 할 수 있다.

어느 부서이건 숫자 관리가 필요하다

어느 부서에서 어떤 일을 하건 직장인은 숫자로 소통한다. 매출과 밀접한 관련이 있는 영업부서뿐 아니라 재무부서, 총무부서, 개발부서 등 모든 부서는 숫자를 통한 관리가 필요하다. 그러므로 직장인이라면 그 숫자가 어떤 뜻이고 회사 이익과 어떤 상관관계가 있는지 알아두어야 한다.

숫자는 자금 제공을 위한 판단 자료

기업에 자금을 제공하는 주주와 은행은 기업의 숫자를 특히 눈여겨본다. 그들이 제공한 자금이 이익 창출에 적절하게 쓰였는지 분석해서 앞으로도 자금을 제공할지 판단해야 하기 때문이다. 기업은 출자자에게 자산과 이익 등 그 기업의 숫자를 확인할 수 있는 객관적인 자료를 제공하는데, 그것이 바로 **재무제표**(→78쪽)다.

객관적인 숫자가 적혀 있는 재무제표는 기업에 출자하는 주주와 돈을 빌려주는 금융기관이 꼭 확인해야 하는 필수 자료다.

02
기업의 숫자는
회계를 통해 구체화된다

▌ 회계는 숫자를 정리하는 규칙이다

기업의 숫자는 기업 내부인뿐 아니라 주주와 같은 외부인에게도 중요하다. 그러므로 누가 봐도 알 수 있도록 정해진 규칙과 방법에 근거해 그 기업의 숫자를 구체적으로 나타내야 한다. 이런 규칙과 방법을 **회계**라고 한다.

대외용인 재무회계와 내부용인 관리회계

회계는 크게 **재무회계**와 **관리회계**로 나뉜다. 재무회계는 재무제표(→78쪽)를 통해 주주 등의 이해관계자에게 기업의 숫자와 관련된 정보를 전달하는 것이 목적이다. 관리회계는 기업 내부에서 사용하며, 그 기업의 방향성 등을 결정하기 위해 쓰인다.

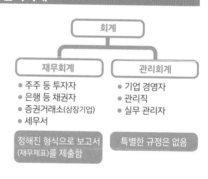

재무제표로 기업의 성적을 알 수 있다

회계 규정에 따라 기록한 기업의 숫자를 일정 기간별로 정리하는 작업을 **결산**이라고 하며 결산 내용은 재무제표를 읽어보면 알 수 있다. 재무제표는 그 기간의 매출과 이익 등이 명시되는 성적표다. 기업의 성적이 좋으면 경영자를 비롯한 임직원의 수입이 늘어나고 투자자도 배당을 받을 수 있다. 다시 말해, 결산 내용은 다양한 이해관계자의 이익에 영향을 미친다.

회계연도와 결산

결산 기간을 **회계연도**(회계 기간)라고 하며 회계연도의 마지막 날을 **결산일**이라고 한다. 결산은 1년에 한 번 이상 해야 한다.

결산일은 각 기업이 자유롭게 정할 수 있다. 그러나 상장기업은 그 나라의 결산일에 맞춰야 하므로 한국에서는 보통 12월 결산이 많다. 결산을 하는 달을 결산월이라고 하며 결산월의 마지막 날을 결산일이라고 한다.

재무회계에서는 결산일까지 발생한 매출을 바탕으로 기업의 성적을 판단한다. 매출이 당기분인지 차기분인지에 따라 결산 시점의 성적이 달라지므로 결산일을 의식하며 업무에 임하는 자세가 필요하다.

결산은 최소한 1년에 한 번은 해야 하며
6개월에 한 번씩 중간결산을 하거나
3개월에 한 번씩 분기별 결산을 하기도 한다.

매일 결산을 하는
회사도 있어!

03
매출은 이익을 창출하는 첫걸음이다

매출은 사업의 성과를 나타낸다

매출은 상품이나 서비스를 판매함으로써 얻는 돈을 말한다. 또 그 돈을 합친 금액을 **매출액**이라고 한다. 매출액은 기업이 제공하는 상품과 서비스가 시장에 얼마나 필요했는지 보여주는 잣대이며, 기업이 영위하는 사업의 성과를 나타내는 중요한 지표이기도 하다.

☑ **매출액과 수익**

기업이 얻는 수입은 매출액뿐만이 아니다. 보통예금이나 정기예금에서 발생하는 이자수입이나 보유주식 배당금, 토지 매각이익 등 기업의 주된 영업활동이 아닌 활동으로도 수입이 발생한다. 이런 수입과 매출액을 합쳐 수익이라고 부른다.

수익

부수적인 활동으로 발생한 수입

매출액 (매출총계)

회사 정관에 쓰인 사업목적(=본업)에서 얻은 수익이 매출액입니다.

정관

정관은 기업의 목적과 기본 방침이 기재된 문서이다.

매출액은 단가와 수량으로 결정된다

상품과 서비스의 가치를 금액으로 나타낸 것을 **가격**이라고 하고, 각각의 상품과 서비스의 가격을 **단가**라고 한다. 매출액은 그 상품과 서비스가 제공된 횟수로 결정된다.

매출액 계산방법

매출액은 다음과 같이 계산한다.

$$매출액 = 단가 \times 수량$$

매출액을 증대하는 전략

기업의 최대 과제는 매출액을 증대하는 것이다. 매출액을 증대하는 전략은 크게 네 가지로 나뉜다.

❶ 단가 인상·수량 축소 상품의 브랜드 인지도를 높여 고급스러운 느낌을 연출하고 합리적인 가격보다 높은 단가를 설정한다.	**❷ 단가 인상·수량 현상 유지** 상품 가치를 높이고 단가를 올린다.
❸ 단가 인하·수량 증대 세트 판매 등 저가정책을 펼쳐 판매 수량을 증대한다.	**❹ 단가 현상 유지·수량 증대** 판매 지역 확대, 효과적인 홍보 등 고객을 늘리는 전략을 세운다.

영업부는 매출 증대를 위해 최전선에서 싸우겠습니다!

영업부가 할 일은 매출 증대다. 기업의 목표 매출을 달성하기 위해 상품과 서비스를 최대한 판매하는 것이 영업부의 임무다.

04
매출액을 좌우하는
계상 시점과 매출 변동

▌거래는 발생주의에 근거해 계상한다

기업의 거래 내용을 장부에 기입하는 것을 **계상**이라고 한다. 거래는 현금을 주고받는 시점과 상관없이 그 거래가 발생한 시점에 기입하는 **발생주의**라는 사고를 바탕으로 계상한다. 또한 매출은 확실성과 객관성을 높이기 위해 발생주의의 일종인 **실현주의**에 근거해 인식한다.

매출은 실현주의에 따라 계상한다

매출은 거래하는 상대가 상품을 받은 시점, 즉 매출이 실제로 일어난 시점에 계상된다. 이것을 실현주의라고 한다. 계상 시점은 ① **출하 기준**, ② **인도 기준**, ③ **검수 기준**으로 나뉜다. 어떤 기준을 적용할지는 기업이 자유롭게 결정할 수 있지만, 일단 기준을 정하면 계속 그 기준을 적용해야 한다.

예 12월 말 결산인 기업이 12월 31일에 대량 주문을 받았다. 상품을 그날 발송했고, 다음 날 거래처에 도착했으며 거래처는 당일 검수를 마쳤다. 이 경우, 그 매출을 당기로 잡을지 차기로 잡을지는 계상 기준에 따라 달라진다.

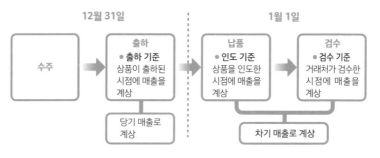

이렇게 계상 시점에 따라 매출 연도가 달라진다. 매출액을 좌우해 기업의 성적에 영향을 미치므로 자신의 회사가 어떤 기준으로 매출을 계상하는지 미리 확인하자.

1년 동안의 매출 변동

매출은 다양한 요인으로 변동한다. 연간 매출의 증감을 계절 변동이라고 하며 업종과 제품에 따라 각기 다른 시점이 적용된다.

전통적 비수기인 7월과 8월

휴가철인 7월과 8월은 매출이 떨어지는 달로 인식되지만, 최근에는 업종별로 다른 양상을 보이고 있다.

업종별 비수기와 성수기

- **자동차** 자동차 시장에서 연말은 전통적으로 비수기로 손꼽힌다. 중고차 감가 등을 고려해 소비자들이 신차 구매를 꺼리기 때문이다.
- **빙과류** 아이스크림 성수기인 7월에는 생산라인이 초과 근무를 할 만큼 수요가 증가한다.
- **보일러** 하절기에는 보일러 사용이 줄어들면서 비수기를 겪는다.
- **명품 및 잡화류** 보너스 지급과 명절 증후군 등의 영향으로 명절 전부터 명절 직후까지 매출이 크게 늘어난다.
- **이삿짐 센터, 인테리어 업체** 이사 시즌인 2~4월, 9~11월이 성수기다.

그 밖의 매출 변동 요인

그 밖에도 다양한 매출 변동 요인을 생각할 수 있다. 자사의 매출이 증가하거나 감소하는 시기를 확인하자.

- **해당 제품의 성수기** 식음료에는 대략적으로 성수기가 정해져 있으며 그 시기에는 매출이 증가함
- **보너스** 상여금이나 수당이 나오는 명절 전후와 연말에는 매출이 증가함
- **연휴** 기업과 공장이 쉬어서 매출이 감소함

계절 변동을 제외한 매출 변화를 파악하고 싶다면 전년 동월 매출과 비교하는 방법이 있다.

전년 동월 대비(%)
= (당월 매출 - 전년 동월 매출) ÷ 전년 동월 매출 × 100

매출 기회 손실이 …

계절상품은 날씨도 고려해서 매출 기회 손실 (상품이 부족해 판매 기회를 놓치는 것)이 발생하지 않도록 주의하자.

05

매출을 올리려면
반드시 비용이 발생한다

▎비용은 매출과 직결된다

비용은 기업이 수익, 특히 매출을 올리기 위해 사용하는 돈이다. 기업은 다양한 비용을 지출하지만, 기본적으로 비용은 전부 매출을 올리는 일과 연관되어야 한다.

직장인의 하루 업무와 비용

직장인이 매일 하는 모든 업무에는 당연히 비용이 든다. 그러므로 임직원들이 효율적인 비용 지출을 의식하며 행동하면 기업의 수익성이 증대된다.

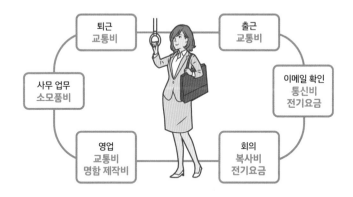

☑ **코스트(cost)란**

주로 비용을 가리키며, 특히 기업이 수익을 내기 위해 지출한 경비를 말한다. 간혹 비용 중에서도 특히 상품 매입에 드는 매출원가(→23쪽)를 가리키기도 한다. 어떤 의미로 사용되었는지 맥락을 생각하면서 읽자.

022

비용은 네 가지로 나뉜다

비용은 적게 들수록 좋으므로 불필요한 지출이 있다면 효율적으로 삭감하자. 비용의 종류는 크게 **매출원가·판매비와 관리비·영업외비용·법인세비용**의 네 가지로 분류된다.

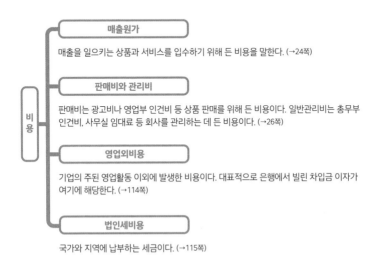

비용

매출원가

매출을 일으키는 상품과 서비스를 입수하기 위해 든 비용을 말한다. (→24쪽)

판매비와 관리비

판매비는 광고비나 영업부 인건비 등 상품 판매를 위해 든 비용이다. 일반관리비는 총무부 인건비, 사무실 임대료 등 회사를 관리하는 데 든 비용이다. (→26쪽)

영업외비용

기업의 주된 영업활동 이외에 발생한 비용이다. 대표적으로 은행에서 빌린 차입금 이자가 여기에 해당한다. (→114쪽)

법인세비용

국가와 지역에 납부하는 세금이다. (→115쪽)

☑ **기업에 부과되는 세금**

법인세는 주식회사와 같은 법인기업의 소득에 대해 부과하며 '법인세비용'에는 주민세가 포함된다. 자동차세, 재산세, 인지세 등은 세금과 공과라는 계정과목(→26쪽)에 포함시키며 세금과 공과는 판매비와 관리비에 속한다.

06
매출원가는
매입·제조에 든 비용이다

매출원가에는 두 종류가 있다

매출원가에는 **매입원가**와 **제조원가**가 있다. 매입원가는 판매업의 매출원가를 말하며, 상품 매입에 든 비용이다. 제조원가는 제조업에서의 매출원가로, 제품을 만드는 데 든 비용이다.

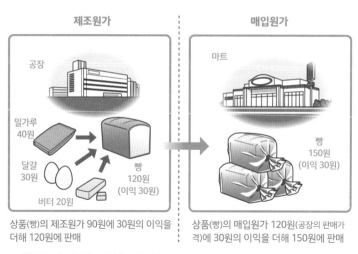

상품(빵)의 제조원가 90원에 30원의 이익을 더해 120원에 판매

상품(빵)의 매입원가 120원(공장의 판매가격)에 30원의 이익을 더해 150원에 판매

※ 매입해서 그대로 판매하는 것을 '상품', 만들거나 가공해서 판매하는 것을 '제품'이라고 한다.

매입원가의 요소

매입원가에는 상품 자체의 구매비용 외에 상품 배송료와 보관료도 들어간다(부대비용).

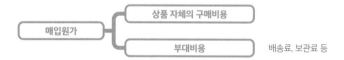

배송료, 보관료 등

제조원가의 3요소

제조원가는 원재료를 구매하는 데 든 비용인 **재료비**, 공장에서 일하는 사람의 인건비인 **노무비**, 공장 임대료와 전기요금, 수도광열비 등의 **경비**, 이렇게 세 가지로 분류된다. 이 세 가지를 **제조원가의 3요소**라고 한다.

직접비와 간접비

제조원가는 **직접비와 간접비**로 나뉜다. 직접비는 원재료비처럼 각각의 제품에 얼마나 쓰였는지 명확히 알 수 있는 비용을 말한다. 간접비는 전기요금처럼 각 제품에 얼마나 쓰였는지가 분명하지 않은 비용이다. 제조원가의 3요소인 재료비, 노무비, 경비도 각각 직접비와 간접비로 분류된다. 직접비·간접비를 엄밀하게 구분하기는 쉽지 않으므로 기업에 따라 다르게 분류하기도 한다.

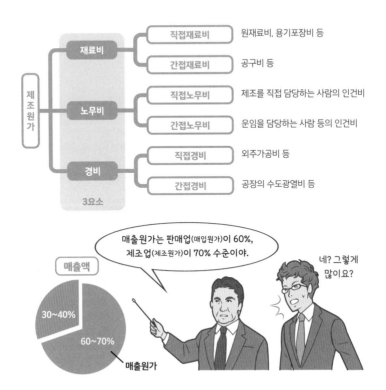

07
기업의 활동을 지원하는
판매비와 관리비

판매비와 관리비는 기업의 주된 영업활동을 지원하는 비용이다

판매비와 관리비는 기업의 상품을 판매하기 위한 영업활동과 관리활동에 쓰인 비용을 말한다. 간단하게 **판관비**라고도 한다.

판매비와 관리비에는 어떤 것이 있을까

판매비와 관리비에는 다양한 비용이 포함된다. 판매비와 일반관리비를 따로 구분하기도 하지만, 실무에서는 대부분 총액으로 계상한다.

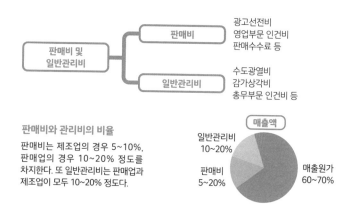

판매비와 관리비의 비율

판매비는 제조업의 경우 5~10%, 판매업의 경우 10~20% 정도를 차지한다. 또 일반관리비는 판매업과 제조업이 모두 10~20% 정도다.

☑ **계정과목이란**

장부에 거래를 기록할 때 쓰는 항목이다. 앞에서 예시로 든 광고선전비와 인건비, 통신비, 수도광열비 등은 전부 계정과목에 해당한다.

☑ 비용과 자산의 차이

매출을 올리려면 비용뿐 아니라 자산도 필요하다. 예를 들어 100만원을 급여로 지급하면 그 급여는 비용으로 계상된다. 그런데 그 100만원으로 컴퓨터를 사면 그것은 자산으로 계상된다. 이 차이점은 어느 시점의 매출을 위해 쓰였는지가 기준이다. 당기 매출을 위해 쓰였다면 비용, 차기 이후의 매출을 위해 쓰였다면 자산으로 취급한다.

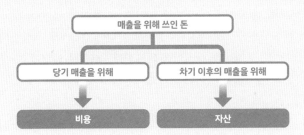

※ 실무상으로는 사용 가능한 기간이 1년 이상이면 자산, 그 외는 비용으로 계상한다.

027

08
경비 정산은
비즈니스의 기본

▌경비는 기업이 인정한 판관비이다

직장에서 일하다 보면 경비라는 용어가 귀에 들어올 것이다. 경비는 넓은 의미에서 비용을 가리키지만 '경비로 올린다', '경비로 취급한다'라고 쓰일 때는 주로 판매비와 관리비를 의미한다. '경비로 올린다'는 것은 기업이 그 돈을 판매비와 관리비의 계정과목으로 인정한다는 뜻이다.

경비 정산과 그 흐름

업무상의 지출로서 돈을 쓸 때는 회사에서 미리 그 돈을 받거나 자신의 돈으로 일단 대체하기 마련이다. 이런 경우 회사는 직원이 제출한 영수증을 근거로 경비를 정산한다. 이것을 **경비 정산**이라고 한다.

경비 정산의 흐름

영수증 제출 → 회계담당자의 확인·판단 →

경비 정산 가능
판관비로 계상되어 해당 금액이 직원에게 지급된다.

경비 정산 불가
판관비로 계상되지 못하며 직원에게 지급되지 않는다.

경비로 처리하려면
❶ 경비 발생을 나타내는 객관적 사실, 즉 영수증이 필요함
❷ 회사 규정을 준수한 비용이어야 함

경비로 처리하면
❶ 경비가 늘어나면 회사 이익이 감소함
❷ 세무상 경비로 인정되면 세금이 감소함

☑ **경비가 되지 않는 것**

개인 물품 구매비나 회식비는 경비로 계상할 수 없다. 종업원을 위해 지출한 직원회식비는 필요경비로 인정받지만, 예산을 초과했거나 영수증에 이름과 날짜가 없으면 경비로 처리하지 못한다.

손금과 경비의 차이

경비와 같은 의미의 용어로서 **손금**이 있다. 손금은 세무상 경비로 인정받는 비용을 말한다. 기업은 경비로 인정해도 세무서가 경비라고 인정하지 않는 비용, 즉 손금이 되지 않는 경비가 있다.

손금 산입과 불산입

손금으로 인정되는 것을 **손금산입**이라고 하고, 손금으로 인정되지 않는 것을 **손금불산입**이라고 한다. 또 한도액까지는 손금산입이 가능하지만 한도를 초과하면 손금이 되지 않는 경비도 있다.

접대비의 손금산입 한도액

접대비는 기업의 자본금 규모(중소기업과 일반기업으로 구분)에 따라 한도액이 정해지며 손금산입 여부에 따라 최종 이익이 변한다. 손금산입이 인정되면 이익이 늘어나지만, 인정되지 않으면 그만큼 이익이 줄어든다.

접대비에 해당하는 것
- 거래처와의 식대
- 거래처와의 골프장 사용료
- 거래처에 보낸 선물 등

접대비 한도액 = ① 기본한도 + ② 수입금액 한도 + ③ 문화접대비 한도

① 기본한도(1년 기준)
  3,600만원(중소기업) × 당해 사업연도의 월수/12
  1,200만원(일반기업) × 당해 사업연도의 월수/12
② 수입금액 한도 : 수입금액 × 접대비 인정률

접대비 인정률

수입금액	적용률
100억원 이하	0.3%
100억원 초과 ~ 500억원 이하	2,000만원+(100억원 초과분)×0.2%
500억원 초과	6,000만원+(500억원 초과분)×0.03%

③ 문화접대비 한도 : (일반접대비 한도액 × 20%)와 (문화접대비 사용액) 중 작은 금액

※ 문화접대비란 문화 진흥 및 기업의 건전한 소비문화 정착을 위해 추가한 항목이다. 회사가 거래처를 위해 공연, 영화, 스포츠 관람, 전시회 초청 등 문화비로 지출한 접대비에 대해서 추가적으로 세법상 비용으로 인정해주는 것을 의미한다.

09

인건비에
급여만 있는 것은 아니다

▌급여명세서로 인건비를 확인한다

종업원의 생활과 직접 관련된 인건비도 판매비와 관리비에 포함되는 경우가 있다.

기본급과 수당은 인건비라는 비용에 포함된다

급여는 기본급과 여러 가지 수당으로 구성되는데 이것은 인건비로 계상된다. 또 각종 사회보험료 중 직원이 부담하는 금액이 원천징수된다.

급여명세서 예시

지급	기본급 ❶	직무수당	직책수당	자격수당	❹
	2,000,000	100,000	0	0	
	시간외수당 ❷	재택수당	통근수당 ❸	가족수당	지급총액
	400,000	150,000	80,000	0	2,730,000
공제	건강보험 ❺	장기요양보험	국민연금	고용보험	
	91,046	9,332	122,850	21,840	
	소득세 ❻	주민세	조합비		공제총액
	120,000	40,950	15,000		421,018
근태	근무일수	결근/병결	유급휴가일수	잔여연차	❼
	21	0	0	10	
	지각횟수	조퇴횟수	초과근무시간		
	0	0	0		
총계					실수령액
					2,308,982

지급 항목

❶ 기본급 … 여러 가지 수당을 제외하고 기본적으로 지급되는 급여
❷ 시간외수당 … 정해진 근무시간 외의 노동에 대한 수당
❸ 통근수당 … 출퇴근 시 드는 비용
❹ 기타수당 … 회사가 자율적으로 정해놓은 수당

공제 항목

❺ 사회보험료 … 법률로 정해진 각종 사회보험료
❻ 세금 … 국가와 지역에 납부하는 세금
❼ 기타 공제 항목 … 회사 및 개인별 공제 항목

▌ 급여에 포함되지 않는 인건비

인건비는 급여(기본급 + 제수당) 외에 다음과 같은 항목도 포함한다.

법정복리비

법률상으로 정해진 복리후생에 관한 비용으로, 주로 사회보험료가 해당
된다. 건강보험료, 고용보험료, 장기요양보험료, 국민연금은 회사와 직원
이 절반씩 부담하고, 산재보험료는 회사가 전액 부담한다. 참고로 국민
연금 중 회사에서 납부하는 금액은 세금과 공과로 처리한다.

복리후생비

임직원이 일하는 환경을 조성하기 위해 기업이 지출하는 비용이다. 사택
이나 직원식당 운영 비용, 기업이 주최한 송년회비, 건강검진비, 직원을
위한 경조사비(결혼, 출산, 병문안 등)가 여기에 해당한다.

그 밖의 인건비

임시 급여로 지급하는 상여금, 임직원의 퇴직에 대비한 퇴직금 적립 등
이 해당한다.

인건비 내역

일인당 인건비 내역을 보면 일반적으로 기본급 외의 부분이 약 34%를 차지한다. 앞에서 본 급여명세서처럼 기본
급이 200만원이라면 실제로는 약 300만원이 인건비로 지출된다.

10
기업의 목표는
이윤 극대화

▍이익(이윤)은 매출에서 비용을 차감한 금액이다

이익은 기업의 수익을 말한다. 즉 매출에서 비용을 차감한 금액이다. 이익이 마이너스인 경우를 **손실**이라고 한다.

기업은 이윤 극대화를 지향한다

매출을 증대하고 비용을 억제하면 이익이 증가한다. 그러나 매출을 늘리려고 하면 비용도 늘어난다. 또 비용을 지나치게 줄이면 상품의 질이 떨어져 매출이 떨어질 수도 있다. 매출과 비용의 균형을 잡아 이윤(이익)을 극대화하는 것이 중요하다.

| 이익 | = | 매출 | − | 비용 |

늘리면
이익이 증가

줄이면
이익이 증가

매출 증대와 비용 삭감을 동시에 달성하기는 쉽지 않으므로 균형을 잘 잡아야 한다.

이익의 원천인 매출총이익

매출총이익은 매출액에서 매출원가를 공제한 금액이다. 이익은 발생 단계에 따라 몇 종류로 분류되는데, 매출총이익은 모든 이익의 원천이 된다.

| 매출총이익 | = | 매출액 | − | 매출원가 |

모든 이익의 원천

매
출
액

매출총이익
매출원가

▌투자와 회수를 반복해 이익을 창출한다

매출을 올리기 위해 비용을 지출하는 행위를 **투자**라고 한다. 그리고 실제로 상품을 판매해서 돈을 받는 것을 **회수**라고 한다. 기업은 투자금액 이상의 돈을 회수함으로써 이익을 창출한다. 또한 차입과 출자(기업에 자금을 제공하는 것)를 이용해 돈을 모으는 것을 **조달**이라고 한다.

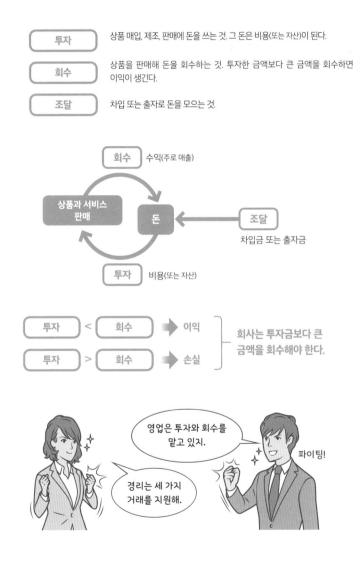

투자	상품 매입, 제조, 판매에 돈을 쓰는 것. 그 돈은 비용(또는 자산)이 된다.
회수	상품을 판매해 돈을 회수하는 것. 투자한 금액보다 큰 금액을 회수하면 이익이 생긴다.
조달	차입 또는 출자로 돈을 모으는 것.

회수 ← 수익(주로 매출)

상품과 서비스 판매

돈 ← 조달
차입금 또는 출자금

투자 ← 비용(또는 자산)

투자 < 회수 ➡ 이익
투자 > 회수 ➡ 손실

회사는 투자금보다 큰 금액을 회수해야 한다.

영업은 투자와 회수를 맡고 있지.

파이팅!

경리는 세 가지 거래를 지원해.

11
기업은 부가가치를 만들어 이익을 창출한다

사업활동을 통해 부가가치를 만든다

기업의 사업활동을 통해 제품이나 서비스의 생산 과정에서 새로 덧붙인 가치를 **부가가치**라고 한다. 부가가치를 만들어 투자금액 이상의 돈을 회수하면 이익을 창출할 수 있다.

판매업의 부가가치는 편의성을 제공하는 것이다

판매업은 상품을 매입해 그대로 판매하기 때문에 부가가치를 창출하지 않는 것처럼 보인다. 그러나 판매업은 다양한 상품을 한곳에서 구매할 수 있다는 편의성을 제공함으로써 부가가치를 창출하고 있다.

배고파. 목도 마르네...

마트 등의 판매업이 없다면, 예를 들어 빵과 주스를 먹고 싶을 때 빵 공장과 주스 공장까지 가야 구매할 수 있다.

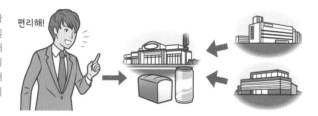

마트에 가면 다양한 상품을 필요한 만큼 구매할 수 있다. 이 편의성이 판매업의 부가가치이다.

편리해!

제조업의 부가가치는 새로운 제품을 창출하는 것이다

제조업은 여러 가지 재료를 가공해서 새로운 제품을 만들어 부가가치를 창출한다.

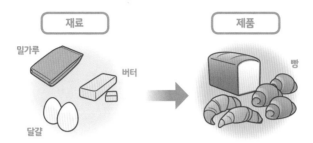

부가가치 산출방법

부가가치는 매출액에서 외부 구매비용을 공제해 산출한다. 외부 구매비용이란 기업이 외부에서 구매한 상품과 서비스 금액을 말하며, 판매업과 제조업에 따라 상세 내용이 다르다.

부가가치 = 매출액 - 외부 구매비용

> **판매업의 부가가치**

판매업의 외부 구매비용은 매입원가다. 따라서 판매업의 부가가치는 매출총이익과 같다.
부가가치 = 매출총이익 = 매출액 - 매입원가

> **제조업의 부가가치**

제조업의 외부 구매비용은 재료비(매입상품 등 포함)와 외주가공비다. 매출액에서 재료비와 외주가공비를 제하면 가공액이 된다. 제조업의 부가가치는 가공액이다.
부가가치 = 가공액 = 매출 - (재료비 + 외주가공비)

12

기업 간의 신용거래는
신뢰 관계를 바탕으로 이루어진다

안전하고 효율적인 신용거래

기업 간의 거래에서는 통상적으로 상품을 먼저 인도하고 그 뒤에 대금
이 지급된다. 이런 거래는 기업 간 신뢰 관계를 바탕으로 이루어지므로
신용거래라고 한다. 현금을 그 자리에서 주고받을 필요가 없으므로 안전
하고 효율적으로 거래할 수 있다.

신용거래의 흐름

신용거래에서는 상품을 인도한 후에 판매자가 구매자에게 청구서를 발
송한다. 구매한 쪽은 그 청구서에 근거해 대금을 지급한다.

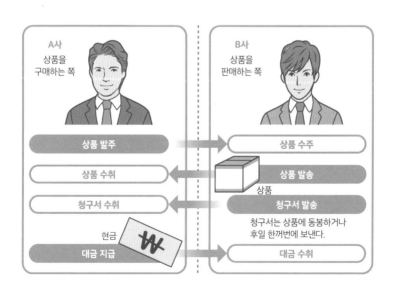

신용거래에는 외상매출금과 외상매입금이 발생한다

신용거래의 경우, 상품을 인도하고 대금이 결제될 때까지 시간이 걸린다. 그 사이에 발생하는 것이 외상매출금과 외상매입금이다.

외상매출금은 영업상의 미수금

상품을 판매하는 쪽은 상품을 인도한 시점에 매출을 인식하고 구매자에게 대금을 받을 권리가 생긴다. 상품 판매로 인해 발생한 이러한 영업상의 미수금을 **외상매출금**이라고 한다.

외상매입금은 영업상의 미지급금

상품을 구매하는 쪽은 상품을 받은 시점에 판매자에게 대금을 지급할 의무가 생기며, 영업상의 미지급금이 발생한다. 이 미지급금을 **외상매입금**이라고 한다.

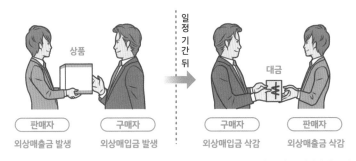

상품 인도 시부터 대금 지급이 이루어지는 사이에 판매자에게는 외상매출금이, 구매자에게는 외상매입금이 발생한다. 외상매출금은 회수한 시점에, 외상매입금은 지급이 완료된 시점에 삭감한다.

☑ 지급 기간

청구서를 받은 뒤 실제로 대금을 지급해야 하는 기간을 지급 기간이라고 한다. 매월 말일에 청구서를 정리해 다음 달 말일에 지급할 경우에는 '월말 마감, 다음 달 지급'이 된다. 지급 기간은 구매자에게는 긴 편이, 판매자에게는 짧은 편이 유리하다.

13

수표 한 장으로
거액을 지급할 수 있다

수표는 현금과 동일한 가치를 지닌다

상품대금을 지급할 때 현금이나 은행이체 외에 **수표나 약속어음**(→40쪽)
도 쓰인다. 수표는 현금을 대신하는 유가증권을 말하며, 수표를 받은 상
대는 즉시 현금화할 수 있다. 수표로 지급하는 것을 **수표 발행**이라고 하
며 발행한 기업을 발행인이라고 한다.

수표의 장단점

장점	단점
● 현금을 많이 준비하지 않아도 지급할 수 있다(당좌예금에 잔액이 있는 경우).	● 수취인이 거래처 이외의 타인이어도 현금화할 수 있다(도난에 주의해야 함). ● 원칙적으로 발행일로부터 10일(발행일 포함 11일) 이내에 제시해야 한다(당좌예금에 잔액이 있어야 함).

수표 예시

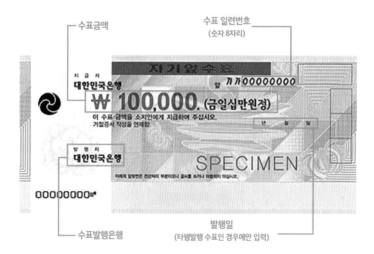

수표금액 / 수표 일련번호 (숫자 8자리)

₩ 100,000. (금일십만원정)

수표발행은행 / 발행일 (타행발행 수표인 경우에만 입력)

당좌예금으로 수표를 결제한다

수표나 약속어음으로써 대금을 결제하려면 **당좌예금**이 필요하다. 당좌예금을 개설하면 수표발행대장이 발행되어 수표를 사용할 수 있게 된다. 수표에 기재된 금액은 당좌예금에서 인출된다.

수표 현금화

수표를 현금화하기 위해 은행에 수표를 보여주는 것을 **제시**라고 한다. 제시는 원칙적으로는 당행(발행인의 거래은행)에 해야 하지만, 실제로는 자사의 거래은행(타행)을 통해 제시한다. 이것을 **징수**라고 한다.

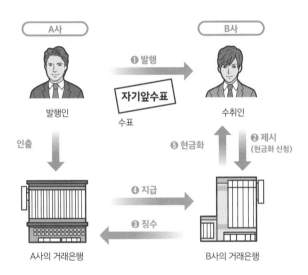

> ☑ **횡선수표**
>
> 수표의 표면에 두 줄을 그은 수표로, 그 수표를 받은 지급은행은 직접 거래를 하는 사람이나 거래를 의뢰받은 은행에밖에 지급할 수 없다. 즉, 누구에게 지급했는지 특정할 수 있으므로 부정행위를 방지하는 효과가 있다.

14

약속어음으로 지급을 연기한다

▌약속어음으로 미래의 지급을 약속한다

약속어음은 지정된 기일에 대금 지급을 약속하는 유가증권으로, 지급을 뒤로 미루는 효과가 있다. 약속어음을 받은 쪽은 지급기일까지 현금화할 수 없다. 약속어음은 그것을 받은 쪽에서는 **받을어음**이라고 하고 교부한 쪽에서는 **지급어음**이라고 한다.

약속어음과 수표의 차이

약속어음	수표
지정된 지급기일(통상 발행일로부터 1~6개월 후)을 포함해 3영업일 이내에 지급제시해야 함	발행일을 포함해 11일 이내에 지급제시해야 함 (휴일 포함)

발행일에 잔액이 없어도 기일까지 확실하게 입수할 수 있다면 발행할 수 있음 / 발행일에 지급금액만큼의 잔액이 있어야 함

약속어음 예시

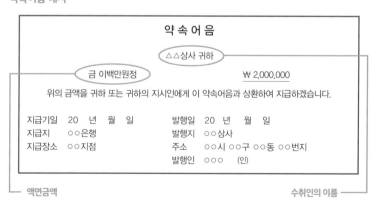

약 속 어 음

△△상사 귀하

금 이백만원정 　　　　　　　　₩ 2,000,000

위의 금액을 귀하 또는 귀하의 지시인에게 이 약속어음과 상환하여 지급하겠습니다.

지급기일　20　년　월　일　　　발행일　20　년　월　일
지급지　　○○은행　　　　　　발행지　　○○상사
지급장소　○○지점　　　　　　주소　　　○○시 ○○구 ○○동 ○○번지
　　　　　　　　　　　　　　　발행인　　○○○　　(인)

└ 액면금액　　　　　　　　　　　　　　　　　수취인의 이름 ┘

어음은 거래처나 은행에 양도할 수 있다

받을어음은 다른 거래처에 지급대금으로서 지급기일 전에 현금 대신 양도할 수 있다(어음 양도). 또 거래은행에 양도해 현금화할 수도 있다(어음 할인).

어음을 양도할 때는 배서가 필요하다

어음을 양도할 때는 어음 뒷면에 있는 기입란에 서명날인을 해야 한다. 이것을 **배서**라고 하며 배서가 된 어음을 **배서어음**이라고 한다. 어음을 양도받은 기업은 또 다른 거래처에 이를 양도할 수도 있다. 이때 만일 원래 발행인이 지급불능 사태에 빠지면 배서인에게 지급의무가 발생한다.

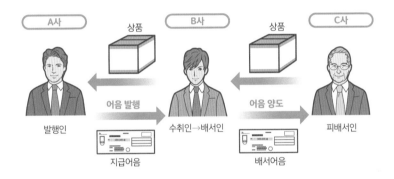

어음 할인으로 만기 전에 현금화할 수 있다

어음을 지급기일 전에 은행에 양도해서 현금화할 수도 있다. 이때 지급기일까지의 이자만큼이 차감되어 액면금액보다 적은 액수를 받기 때문에 이것을 어음 할인이라고 한다. 요즘에는 인터넷상에서 발행이 가능한 전자어음이 있으므로, 신속하게 현금화할 수 있다.

☑ **부도와 거래정지**

어음과 수표를 현금화할 때, 발행인의 당좌예금이 100원이라도 부족하면 지급되지 않는다. 이것을 부도라고 하며, 부도를 일으키면 회사 신용이 크게 손상된다. 또 부도를 6개월에 2회 이상 내면 은행거래정지 처분이 되어 그 회사는 사실상 파산하게 된다.

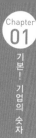

15
자금운용은 운전자금을 확보하는 중요한 일

▎매출과 현금 사이클에는 시차가 존재한다

자금운용은 현금의 출금과 입금 사이클을 관리해 운전자금이 부족하지 않게 하는 것이다. 신용거래를 통해 매출이 발생하면 보통은 현금이 곧바로 들어오지 않는다. 그 시차를 의식하면서 자금운용의 중요성에 대해 알아보자.

신용거래로 인해 입금 시점이 미루어진다

기업의 매출은 상대에게 상품을 인도한 시점에 계상하는 실현주의(→20쪽)를 따른다. 그런데 신용거래(→36쪽)를 하면 상품을 인도한 지 1개월 이상 뒤에 현금이 회수되는 경우가 드물지 않다. 신용거래가 늘어나면 입금 시점은 점점 더 뒤로 밀린다. 이 시차에 의해 장부상에는 매출이 계상되어 이익이 생겼지만 실제 현금은 없는 사태가 발생한다.

예 1월 10일의 200만원 매출(이익 80만원)을 2월 28일에 전액 받을어음(4월 28일 지급기일)으로 받았다.

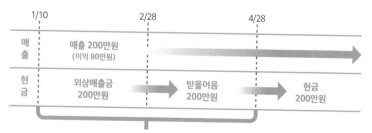

이 사이 80만원의 이익이 발생했지만 현금은 한 푼도 들어오지 않는다.
그러면 신규 매입을 할 수 없을 뿐 아니라 규모가 큰 지급 내역을 갚지 못해 흑자도산할 수도 있다.

자금운용으로 현금을 관리

자금운용은 현금 회수를 관리한다

자금운용의 핵심은 현금이 부족하지 않도록 현금 회수 상태를 관리하고 현금이 부족할 것에 대비하여 구체적인 대책을 마련하는 것이다.

매출 발생에서 현금 입금까지의 기간을 단축한다

매출이 발생한 뒤 현금이 입금되는 기간을 최대한 단축함으로써 현금이 부족한 사태를 피할 수 있다(지급기일 단축).

예 매출이 매월 100만원인 경우

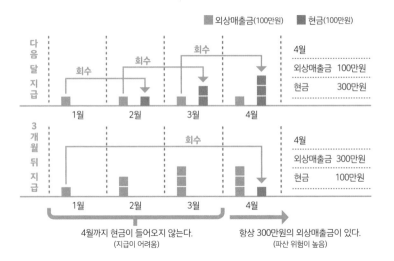

■ 외상매출금(100만원)   ■ 현금(100만원)

다음 달 지급

| | | 회수 | | 회수 | | 회수 | |
| 1월 | 2월 | 3월 | 4월 |

4월	
외상매출금	100만원
현금	300만원

3개월 뒤 지급

| | | | 회수 | |
| 1월 | 2월 | 3월 | 4월 |

4월	
외상매출금	300만원
현금	100만원

4월까지 현금이 들어오지 않는다.
(지급이 어려움)

항상 300만원의 외상매출금이 있다.
(파산 위험이 높음)

현금 부족 사태에 빠지지 않기 위해
- 외상매출금은 최대한 짧은 기간에 회수한다.
- 어음으로 대금 수취하는 것을 최대한 피한다.

현금 부족 사태가 일어날 것 같다면
- 은행 차입
- 받을어음 할인 (→41쪽)
- 외상매출금 조기 회수 Best

경리의 중요한 업무예요!

자금운용표로 자금운용을 관리해요.

16 감가상각을 통해 자산을 비용으로 계상한다

감가상각으로 매출과 비용을 일치시킨다

감가상각은 건물이나 설비 등 장기간 사용하는 비유동자산(→94쪽)이 사용한 만큼 가치가 줄었다고 간주하고 그 금액을 일정한 기간 동안 비용으로 배분하는 것이다. 감가상각을 통해 비용과 그에 대한 매출을 일치시킬 수 있다.

감가상각으로 손익을 적정화한다

비유동자산을 구입연도에 전부 비용으로 계상하면 그 연도에만 비용이 증가하고, 다음 연도 이후에는 비용은 없이 매출만 올라간다. 이런 불균형을 방지하기 위해 감가상각을 한다.

예 자동차(3,000만원)를 구매해 그 차로 매년 1,000만원의 매출을 올렸을 경우

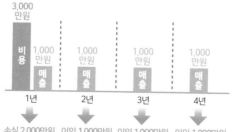

감가상각을 하지 않는 경우

감가상각을 하지 않으면 구입한 첫해에만 비용이 계상된다. 이렇게 되면 금액이 큰 비유동자산을 구입할 때마다 기업 실적이 적자로 기록된다.

감가상각을 한 경우

감가상각을 통해 손익을 적정하게 나타낼 수 있다.

▌감가상각에는 정액법과 정률법이 있다

감가상각은 비유동자산별로 정해진 기간(법정내용연수)으로 비용을 계상하는 것이다. 방법에 따라 **정액법**과 **정률법**이 있다.

감가상각비가 매년 동일한 정액법

정액법은 감가상각비를 매년 균등하게 배분하는 방법이다. 이 경우 감가상감액은 매년 동일하다.

예 취득가액 100만원, 내용연수 10년인 비유동자산의 경우

100만원 ÷ 10 = 10만원

1~9년째는 매년 10만원의 감가상각비, 10년째는 1,000원(대부분 1,000원은 남겨둔다).
※ 마지막 연도에는 모든 금액을 상각하는 것이 아니라 자산의 존재를 표시하는 정도의 금액을 남겨둔다(비망가액). 자산가액의 5% 또는 1,000원 중 적은 금액을 남긴다. - 옮긴이

감가상각비가 매년 줄어드는 정률법

감가상각 대상금액에 내용연수에 따라 산출된 상각률을 곱해서 산정한다. 정률법에서는 사업연도 전반부에 감가상각비가 많이 비용화되고 후반부로 갈수록 감소된다.

예 취득가액 100만원, 내용연수 10년인 비유동자산의 경우
※ 상각률은 0.2라고 가정한다.

(1년) **100만원 × 0.2 = 20만원**

(2년) **(100만원 - 20만원) × 0.2 = 16만원**

3년	4년	5년	6년	7년	8년	9년	10년
128,000	102,400	81,920	65,536	52,429	41,943	33,554	26,843

(단위 : 원)

뭐가 더 이득인가요?

정액법이든 정률법이든 감가상각비의 총액은 같아.

17 리스는 비용 삭감 효과가 있을까?

▌고가 설비는 리스로 이용한다

리스는 회사에서 필요한 고가 기계 또는 설비를 구입하는 대신 리스료를 지급하고 대여하는 것이다. 리스사가 설비를 구입하고, 이용자는 그것을 독점적으로 빌릴 수 있다.

얼핏 렌트와 다를 바 없어 보이지만, 렌트에 비해 기간이 길고 중도 해약이 불가능하며 유지보수비를 이용자가 부담해야 하는 등 차이점이 있다.

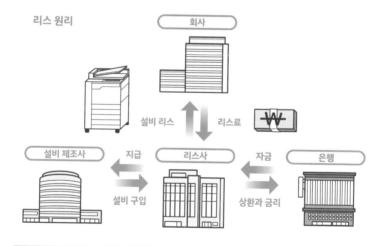

리스 원리

금융리스와 운용리스

리스는 **금융리스**와 **운용리스** 두 가지로 구분된다. 자산의 소유에 따른 위험과 보상의 대부분이 리스이용자에게 이전되는 경우, 금융리스로 분류한다. 운용리스는 금융리스와는 달리 계약 기간 만료 이전이라도 리스이용자가 원하면 언제라도 중도 해약할 수 있으며 주로 컴퓨터, 사무용 기계, 의료기기, 자동차, 항공기 등이 대상이 된다.

리스에는 큰 자금이 필요 없다

리스를 하면 설비 대금과 이자, 리스사에 지급하는 수수료 등이 들기 때문에 최종적으로는 구매하는 것보다 비싸질 수 있다. 그러나 한 번에 많은 자금을 마련할 필요가 없고 절차가 간편하다는 장점이 있다.

리스와 구매의 차이점

리스에는 다양한 장점이 있다. 자금력이 부족한 기업일수록 활용도가 높다.

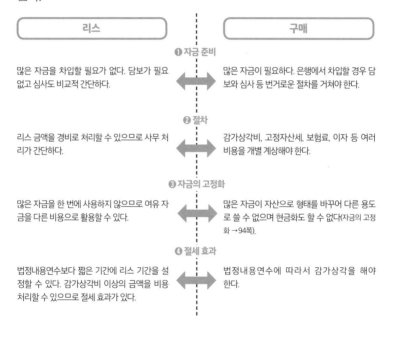

리스	구매
❶ 자금 준비	
많은 자금을 차입할 필요가 없다. 담보가 필요 없고 심사도 비교적 간단하다.	많은 자금이 필요하다. 은행에서 차입할 경우 담보와 심사 등 번거로운 절차를 거쳐야 한다.
❷ 절차	
리스 금액을 경비로 처리할 수 있으므로 사무 처리가 간단하다.	감가상각비, 고정자산세, 보험료, 이자 등 여러 비용을 개별 계산해야 한다.
❸ 자금의 고정화	
많은 자금을 한 번에 사용하지 않으므로 여유 자금을 다른 비용으로 활용할 수 있다.	많은 자금이 자산으로 형태를 바꾸어 다른 용도로 쓸 수 없으며 현금화도 할 수 없다(자금의 고정화 →94쪽).
❹ 절세 효과	
법정내용연수보다 짧은 기간에 리스 기간을 설정할 수 있다. 감가상각비 이상의 금액을 비용 처리할 수 있으므로 절세 효과가 있다.	법정내용연수에 따라서 감가상각을 해야 한다.

☑ 사라진 오프밸런스(off-balance) 효과

금융리스와 달리 운용리스 사용자들은 리스료를 비용 처리할 수 있었다. 그러나 2019년도부터 리스 회계제도(IFRS 16 Lease)의 변경으로 리스료도 재무제표에 자산 및 비용으로 처리해야 하고, 손익계산서에는 감가상각비와 이자비용으로 반영하게 되었다. 결과적으로 운용리스를 통해 회계상 부채를 반영하지 않는 효과(오프밸런스 효과)가 사라진 셈이다.

사회보험료는 어떤 역할을 할까?

사회보험료는 직장인의 생활과 미래에 중요한 역할을 한다

직장인의 급여명세서를 살펴보면 총급여에서 세금 등 다양한 지급 항목이 공제되는 것을 알 수 있다(→30쪽). 그중에서도 사회보험료가 차지하는 비중이 상당하다. 사회보험료(이른바 4대보험)에는 건강보험과 국민연금, 고용보험, 산재보험이 포함되어 있으며 모두 직장인의 생활과 미래에 중요한 역할을 한다. 자세한 내용을 살펴보자.

건강보험
질병과 부상이 발생했을 때 의료비 중 일정액만 본인부담금으로 지급하는 보험.

국민연금
정부가 직접 운영하는 공적 연금제도로, 노후 생활을 지원하는 노령연금, 장애연금, 유족연금을 지급하기 위한 보험.

고용보험
실직한 동안의 생활 안정을 위한 실업급여와 구직자의 직업능력개발사업 등을 위한 보험.

산재보험
근로자가 일하다 다쳤을 때 사업주가 근로기준법에 따라 보상해주고 이를 보험 처리할 때 적용되는 보험. 산재보험은 사업주가 전액 부담한다.

4대보험은 산재보험을 제외하고 매월 근로자의 월급에서 원천징수된다. 건강보험, 국민연금, 고용보험 모두 근로자와 사업자가 반씩 부담한다. 건강보험은 월급여액의 6.86%를 내야 하는데, 근로자는 절반인 3.43%를 부담한다. 여기에 건강보험 납부액의 11.52%를 추가로 내야 하는 장기요양보험료가 추가된다. 국민연금은 월급여액의 9%를 내야 하므로 근로자는 4.5%를 부담한다. 고용보험은 근로자가 0.8%를 부담한다. 즉 근로자는 월급여액의 약 9%를 4대보험료로 내게 된다.

병에 걸려도 걱정 없어!

콜록
콜록

일이 즐거워지는
기업의 숫자

01
노동분배율과 부가가치생산성으로 인건비를 분석한다

▌노동분배율은 직원에 대한 환원도

회사가 창출한 부가가치(→34쪽)를 인건비에 얼마나 할애하는지를 판단하는 지표가 **노동분배율**이다. 노동분배율이 높을수록 직원에게 이익을 많이 환원한다고 해석한다.

노동분배율을 계산해 적정 인건비를 산출한다

노동분배율은 인건비 총액을 부가가치로 나누어서 구한다.

노동분배율(%) = 인건비 총액 ÷ 부가가치 × 100

노동분배율이 높다	노동분배율이 낮다
● 직원에게 이익을 많이 분배함 ● 직원의 의욕이 올라가고 인재를 모으기 쉬움	● 직원에게 이익을 적게 분배함 ● 직원의 의욕이 떨어지고 인재가 유출되기 쉬움

노동분배율이 과도하게 높은 경우

이익에 걸맞지 않은 인건비를 부담하고 있는 상태다. 인건비는 주로 고정비(→66쪽)이므로 불경기 등으로 매출이 감소해 부가가치가 줄어들어도 일정한 금액을 부담해야 한다. 노동분배율은 적절한 균형을 유지하는 것이 중요하다.

업종별 평균 노동분배율

업종	평균 노동분배율
제조업	47.8%
정보통신업	55.8%
도매업	48.6%
소매업	49.3%
음식서비스업	64.9%

노동분배율은 업종에 따라 다르다.
※ 일본 경제산업성의 「2019년 경제산업성 기업활동 기본조사」에서 발췌

▌부가가치생산성은 직원의 공헌도

부가가치생산성(노동생산성)은 종업원 한 명이 어느 정도의 부가가치를 창출하는지를 나타내는 지표다. 부가가치생산성이 높을수록 적은 인원으로 높은 부가가치를 창출한다고 판단한다.

부가가치생산성으로 회사의 이익 효율을 진단한다

부가가치생산성은 부가가치를 종업원 수로 나누어 구한다.

$$\textbf{부가가치생산성 (원) = 부가가치} \div \textbf{종업원 수}$$

업종별 평균 부가가치생산성　　(단위 : 만엔)

업종	평균 부가가치생산성
제조업	1,170.0
정보통신업	1,039.0
도매업	1,091.0
소매업	498.0
음식서비스업	242.7

부가가치생산성은 업계와 업종별로 크게 다르다.
※ 일본 경제산업성의 「2019년 경제산업성 기업활동 기본조사」에서 발췌

부가가치생산성이 저하하는 원인을 파악한다

부가가치생산성을 구하는 식에서 부가가치의 분모와 종업원 수의 분자에 매출액을 대입해 계산해보면, 부가가치생산성은 부가가치율과 일인당 매출액으로 결정된다는 것을 알 수 있다. 다시 말해 부가가치생산성이 저하하는 것은 부가가치율이나 일인당 매출액이 떨어졌기 때문이다.

$$\textbf{부가가치생산성 (원) = } \frac{\textbf{부가가치}}{\textbf{매출액}} \times \frac{\textbf{매출액}}{\textbf{종업원 수}}$$

$$\textbf{= 부가가치율} \times \textbf{일인당 매출액}$$

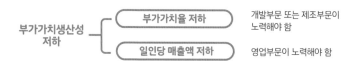

부가가치생산성 저하
- 부가가치율 저하 → 개발부문 또는 제조부문이 노력해야 함
- 일인당 매출액 저하 → 영업부문이 노력해야 함

02
이익을 좌우하는
수율과 재고

▌불량품 발생은 이익을 감소시킨다

제품을 만들었는데 불량품이 섞여 있다고 하자. 불량품을 판매할 수는 없으므로 그만큼 이익이 감소한다. 따라서 철저한 품질관리를 통해 불량품을 최대한 줄여야 한다.

수율이 낮으면 이익을 내기 어렵다

수율(yield rate)은 생산한 모든 제품 중 정상적인 제품의 비율을 말한다. 정상적인 제품(양품)이 많으면 '수율이 높다'고 하고 불량품이 많으면 '수율이 낮다'고 한다. 수율이 낮으면 이익을 내기 어렵다.

제품 100개를 생산(전체 원가가 10만원인 경우)

불량품이 5개일 때	불량품이 20개일 때
수율 … 95% 양품의 개당 원가 … 약 1,053원	수율 … 80% 양품의 개당 원가 … 약 1,250원
↓	↓
수율이 높다	수율이 낮다

☑ **폐기율(waste ratio)이란**

폐기율은 원자재에 포함되어 있지만 제품으로 활용할 수 없는 부분을 가리킨다(샌드위치용 식빵의 가장자리 부분 등). 폐기율을 줄이면 수율이 향상된다.

재고는 필요최소한도로 가져간다

재고는 회사가 판매할 목적으로 일시적으로 보유한 상품이나 제품을 말한다. 주문을 받은 뒤 고객에게 상품을 신속하게 제공하려면 재고가 꼭 있어야 하지만, 필요 이상의 재고는 회사에 큰 부담으로 작용한다.

재고 보관에는 비용이 많이 든다

재고는 매출이 발생하기 전 단계의 상품이나 제품이다. 재고 기간이 길어지면 매출에 앞서 다음과 같은 비용이 발생해 회사의 자금운용을 크게 압박할 수도 있다. 재고를 정확하게 관리해 최소한으로 가져가는 것이 중요하다.

재고 관리에 따른 비용
- 창고 임대료
- 창고 작업자 인건비
- 창고 설비비
- 보험료 등

재고 장기화에 따른 비용
- 상품의 시장 가치 하락에 따른 손실
- 상품이 오래되어 손상되면서 발생하는 손실
- 재고가 현금화되기 전에 선지급하기 위한 차입금에 발생하는 이자

재고가 많을수록 비용이 든다.

이 많은 재고를 어떻게 하나~

재고자산 비용이 증가해서 이익이 줄고 손실이 생기는 일도 드물지 않아요.

재고는 상품회전율로 관리할 수 있어(→55쪽).

03
재고관리에는 재고조사와 상품회전율이 중요하다

▌재고조사로 재고자산을 파악한다

재고자산이 줄어들면 결품이 발생하고, 늘어나면 비용이 증대한다(→53쪽). 적정 재고량을 유지하려면 **재고조사**로 재고량을 확인해야 한다.

재고조사로 재고금액을 확인한다

재고조사는 재고량을 실제로 세어보는 것이다. 재고조사는 결산일에 실시하여 그 시점의 재고량에 매입단가를 적용해 재고금액을 계산한다. 이 금액을 **기말상품재고액**이라고 한다.

$$\text{기말상품재고액} = \underset{\substack{\text{재고조사로} \\ \text{확인}}}{\text{재고량}} \times \underset{\substack{\text{선입선출법 또는} \\ \text{총평균법으로 계산}}}{\text{매입단가}}$$

매입단가 계산방식에 따라 재고금액이 달라진다

매입단가 계산방식에는 **선입선출법**과 **총평균법** 등이 있는데, 어떤 방식을 채택하느냐에 따라 재고금액이 달라진다.

 기초 ··· 재고 100개   매입금액은 10만원 → 단가 1,000원
기중 ··· 매입 200개   매입금액은 24만원 → 단가 1,200원
기말 ··· 재고 150개

선입선출법	총평균법
먼저 매입한 상품부터 판매했다고 가정한다.	일정 기간의 평균단가로 계산한다.
기말재고는 기중에 매입한 단가이고 상품 단가를 1,200원으로 생각한다. 1,200원 × 150개 = 18만원	기초와 기중의 재고와 매입금액으로 평균단가를 구하고 기말재고 수량을 곱해서 산출한다. 34만원 ÷ 300개 = 약 1,133원 1,133원 × 150개 = 16만 9,950원
재고액 ··· 18만원	재고액 ··· 16만 9,950원

상품회전율로 적정 재고를 파악한다

상품회전율은 일정 기간에 평균재고의 몇 배를 매출로 올리고 있는지를 표시한 수치다. 상품회전율로 적정 재고량을 유지하고 있는지 알 수 있다.

상품회전율 계산방법

상품회전율을 파악하면 적정 재고 수를 산출할 수 있다.

상품회전율(회) = 매출액 ÷ 평균재고액

평균재고액은 기초상품재고와 기말상품재고를 합산해 2로 나누어 계산한다. 또 기초상품재고는 전기의 기말상품재고와 같다.

평균재고금액(원) = (기초상품재고액 + 기말상품재고액) ÷ 2

예 1년간 매출액이 5,000만원이며 평균재고액이 250만원인 경우

5,000만원 ÷ 250만원 = 20회전

적정치의 기준　소매업 : 연간 20회전 / 제조업 : 연간 12회전
※ 업종에 따라 적정치가 다르다.

상품회전율의 상승과 저하

상품회전율은 매출액 또는 평균재고의 증감에 따라 변동된다. 매출액이 상승하여 상품회전율이 상승하면 그에 대응한 매입이 이루어지지 않아 자칫 재고 부족으로 인한 기회손실(→65쪽)이 발생할 수 있다. 상품회전율이 상승했다고 다 좋은 것은 아니므로 원인을 파악해 대책을 세우는 것이 중요하다.

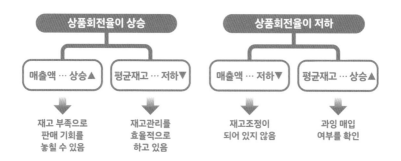

04

ABC분석으로
효과적인 재고관리를

▌ 중점 상품을 파악한다

기업이 취급하는 상품은 업종에 따라서는 수백에서 수천 종에 이르는 경우가 드물지 않다. 이때 모든 상품의 재고관리를 완벽하게 하려고 하면 품도 많이 들고 비용이 만만치 않다. 매출이 큰 상품을 중점적으로 확인하면 효율적으로 재고관리를 할 수 있다.

전체의 20%가 중요하다─파레토의 법칙

파레토의 법칙은 전체 결과의 대부분은 그 구성 요소 중 일부가 만들어낸다는 개념이다. 상품 매출에 이 법칙을 적용하면 매출의 80%는 전체 상품 중 20%의 상품이 만들어내게 된다.

ABC분석으로 중점 상품을 파악한다

ABC분석(중점분석)은 파레토의 법칙을 바탕으로 모든 상품을 매출액이나 매출 수량이 많은 순서로 A, B, C 그룹으로 분류하는 방법이다. 재고관리뿐 아니라 상품 발주와 판매관리에도 이용된다.

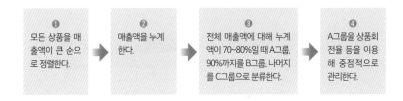

❶ 모든 상품을 매출액이 큰 순으로 정렬한다.

❷ 매출액을 누계한다.

❸ 전체 매출액에 대해 누계액이 70~80%일 때 A그룹, 90%까지를 B그룹, 나머지를 C그룹으로 분류한다.

❹ A그룹을 상품회전율 등을 이용해 중점적으로 관리한다.

예 상품 수가 ㄱ~ㅊ까지 10품목이고 총매출액이 106,940,000원인 기업이 ABC분석을 하면 다음과 같다.

(단위 : 원)

품목	① 매출액	② 매출액 누계	③ 누계구성비
ㄱ	50,000,000	50,000,000	46.8%
ㄴ	30,000,000	80,000,000	74.8%
ㄷ	9,000,000	89,000,000	83.2%
ㄹ	7,000,000	96,000,000	89.8%
ㅁ	6,200,000	102,200,000	95.6%
ㅂ	4,000,000	106,200,000	99.3%
ㅅ	500,000	106,700,000	99.8%
ㅇ	100,000	106,800,000	99.9%
ㅈ	80,000	106,880,000	99.9%
ㅊ	60,000	106,940,000	100.0%

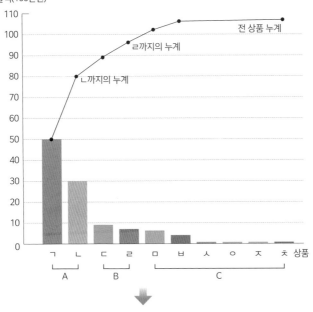

A그룹(누계구성비 75%까지) ······ 상품 ㄱ, ㄴ
B그룹(누계구성비 90%까지) ······ 상품 ㄷ, ㄹ
C그룹(A와 B그룹 외) ··········· 상품 ㅁ~ㅊ

상품 ㄱ, ㄴ이 중점 상품

※ 누계구성비의 몇 퍼센트까지를 각 그룹에 포함시킬지는 기업의 실적에 맞춰서 판단한다.

05
교차비율로
상품 유형을 판단한다

▍상품은 박리다매와 후리소매의 두 유형으로 나뉜다

기업은 이익이 큰 상품을 많이 판매하고 싶어 한다. 그러나 실제로 그런 상품은 많지 않으므로 판매 수량은 적지만 이익이 많은 상품을 팔거나, 이익이 적지만 많이 판매할 수 있는 상품을 팔게 된다. 어느 쪽을 선택할 것인가에 따라서 관리 요소가 다르다.

박리다매 상품은 상품회전율이 중요하다

박리다매는 이익이 작지만 많이 판매할 수 있는 상품을 취급하는 방식이다. 매입한 상품을 최대한 신속하게 많이 판매해서 자금을 회수하는 것이 중요하다. 상품회전율(→55쪽)을 이용해 효율적으로 관리하자.

신선식품·일용품 등

⬇

상품회전율이 중요

후리소매 상품은 이익률이 중요하다

후리소매(厚利小賣)는 대량 판매를 할 수는 없지만 개당 이익이 큰 상품을 취급하는 것이다. 매입에서 판매에 이르는 기간이 길어서 재고비용을 감안하고 충분한 이익을 내야 한다. 그러므로 후리소매 상품은 기본적으로 이익률을 높게 설정한다.

시계·귀금속 등

⬇

이익률이 중요
이익률(%) = 이익 ÷ 가격 × 100

예 400만원인 시계의 이익이 200만원인 경우
200만원 ÷ 400만원 × 100 = 50%

교차비율로 상품의 유형을 파악한다

상품을 판매할 때는 회전율을 중시해야 하는 상품인지 이익률을 중시해야 하는 상품인지, 그 상품의 특성을 먼저 파악해야 한다. 이때 **교차비율**이 도움이 된다.

교차비율로 효율적으로 이익을 내는 상품을 파악한다

교차비율은 상품회전율과 이익률을 곱해서 상품이 얼마나 효율적으로 이익을 만들고 있는지 나타내는 지표다.

$$교차비율 = \ 상품회전율 \ \times \ 이익률$$

$$= \frac{매출액}{평균\ 재고자산} \times \frac{이익}{매출액} \times 100$$

교차비율은 업종에 따라 차이가 있지만, 판매업은 200% 이상이면 유리한 상품으로 간주한다.

교차비율로 상품 유형을 파악한다

교차비율을 그래프로 나타내면 상품 유형을 파악할 수 있다.

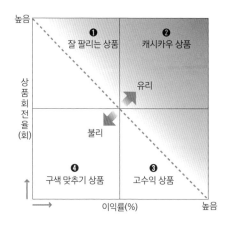

❶ **잘 팔리는 상품**
회전율이 높고 이익률은 낮은 박리다매형 상품

❷ **캐시카우 상품**
회전율과 이익률이 다 높은 이상적인 상품

❸ **고수익 상품**
이익률이 높지만 회전율이 낮은 후리소매형 상품

❹ **구색 맞추기 상품**
회전율과 이익률이 모두 낮지만 구성상 필요한 상품

Chapter 02 응용! 기업의 숫자

06
매출원가는 당기에 판매된 상품부터 계산한다

▌ 매출원가 계산은 전기이월작업에서부터

매출원가(→24쪽)를 구할 때는 매출과 비용을 대응시키기 위해 당기에 판매된 상품이나 제품부터 계산해야 한다. 그러므로 전기 또는 당기에 판매되지 못하고 남은 상품을 각 해당하는 기의 매출원가로 조정하는 계산을 한다. 이것을 **이월작업**이라고 한다.

매입원가 계산방법

매입원가(→24쪽) 이월작업은 전기에 팔다 남은 기초상품재고액, 당기에 매입한 상품금액인 당기상품매입액, 당기에 팔다 남은 기말상품재고액 (→54쪽)으로 계산한다.

매입원가 = 기초상품재고액 + 당기상품매입액 - 기말상품재고액

 기초상품재고액 1,000만원
당기상품매입액 3,000만원
기말상품재고액 800만원

1,000만원 + 3,000만원 - 800만원 = 3,200만원

기초상품재고액 (전기에 팔다 남은 상품)	당기상품매입액	
1,000만원	3,000만원	
		800만원

매입원가(당기에 판매된 상품)
3,200만원

기말상품재고액
(당기에 팔다 남은 상품)

기말상품재고액은 선입선출법이나 총평균법 등 계산방식에 따라 다르며(→54쪽), 매입원가도 달라진다.

제조원가 계산방법

제조원가(→24쪽)의 이월작업은 완성품뿐 아니라 원재료나 재공품(완성하지 않은 제품) 재고도 대상으로 한다. 구체적으로는 전기 재고와 당기 투입분을 합계하고 당기 재고를 차감해서 당기 매출분의 제조원가를 산출한다.

재료·재공품의 이월작업

전기이월작업분 + 당기투입분 - 차기이월작업분

제조원가 산출 순서는 먼저 재료비 이월작업을 하고 노무비와 경비를 합산한다. 그리고 재공품 이월작업을 하면 당기 제조에 든 비용인 당기 제품제조원가가 산출된다. 그것을 바탕으로 완성품 재고의 이월작업을 함으로써 당기제조원가가 결정된다.

당기제조원가
= 기초제품재고자산금액 + 당기제품제조원가 - 기말제품재고자산금액

재료비 재공품 노무비 경비

종합원가계산과 개별원가계산

당기제품제조원가를 계산할 때 제조원가의 3요소(→25쪽)인 재료비와 노무비와 경비를 합산하는데, 대량생산 제품에 적용되는 **종합원가계산**과 주문에 의한 소량생산 제품에 적용되는 **개별원가계산** 방식이 있다.

종합원가계산
대량생산의 경우 상품별 재료비, 노무비, 경비가 동일하므로 각 원가의 합계액을 합산한다.

재료비	300만원
노무비	60만원
경비	40만원
합계	400만원

손익계산서에 기재

개별원가계산
주문생산은 그 내용에 따라 재료비가 다르다. 따라서 개별 상품의 재료비, 노무비, 경비를 합산한 다음, 합계를 낸다.

재료비	3만원
노무비	1만원
경비	3,000원

재료비	2만원
노무비	1만원
경비	2,000원

재료비	5만원
노무비	2만원
경비	5,000원
합계	7만 5,000원

손익계산서에 기재

07
올바른 원가계산으로
이익을 정확하게 파악한다

▌ 총원가에서 이익과 가격이 결정된다

총원가는 매출원가에 경비(판매비와 관리비)를 더해서 계산한다. 총원가에서 상품의 개당 원가를 산출하면 판매 중인 상품 한 개의 이익을 알 수 있다. 또 가격을 결정할 때 참고 자료가 된다.

총원가 계산방법

총원가는 실제로 지급한 비용을 매출원가와 경비로 분류한 다음, 재료비 등의 이월작업을 하는 방식으로 계산한다.

예 1개에 200원인 사탕을 1년간 20만개 판매해 지급한 총비용이 3,600만원인 경우

❶ 비용을 지급재료비·지급인건비·지급경비로 나눈다

총지급비용 3,600만원 ─┬─ 지급재료비　　2,000만원
　　　　　　　　　　　├─ 지급인건비　　1,000만원
　　　　　　　　　　　└─ 지급경비　　　　600만원

❷ 제조원가 및 판매비와 관리비로 나눈다
사탕 제조판매는 제조업이므로 제조원가 및 판매비와 관리비로 나눈다.

❸ 재료비 이월작업을 한다

재료비 이월작업을 통해 당기재료비를 산출한다. 앞의 예에서는 기초재료재고자산액이 150만원, 기말재료재고자산액이 90만원이었다.

$$\text{당기재료비} = 150\text{만원} + 2,000\text{만원} - 90\text{만원} = 2,060\text{만원}$$

재료비	2,060만원	
노무비	600만원	제조원가
제조경비	400만원	
인건비	400만원	판매비와 관리비
+ 경비	200만원	
총원가	3,660만원	

※ 여기서는 재공품이나 완성품 재고는 없다고 가정한다.
또 미지급 비용과 선지급 비용 등도 조정해야 하지만, 이것도 없다고 가정한다.

❹ 사탕의 개당 총원가와 이익

개당 총원가   3,660만원 ÷ 20만개 = 183원
개당 이익   200원 - 183원 = 17원

이월작업을 하지 않고 실제로 지급한 비용만 계산하면 개당 이익은 20원이 된다. 정확한 수치와 15%(60만원)나 괴리가 발생한다.

08

기회원가로 정확한
비즈니스 판단을 할 수 있다

▌ 기회원가는 얻지 못한 수입

원가 또는 총원가는 실제로 지급한 비용을 가리킨다. 그와 반대 개념의
원가계산이 **기회원가**(opportunity cost)다. 기회원가란 어떤 일을 했더라면
얻을 수 있었지만 그 일을 하지 않았기 때문에 실제로는 얻지 못한 수입
액으로, **기회비용**이라고 하기도 한다.

기회원가를 추정할 때는 정확한 예측이 전제조건이다

어떤 사업활동을 위해 쓰인 비용을, 가령 다른 사업활동에 썼다면 얻을
수 있었던 수익이 바로 기회원가다. 따라서 의사결정을 할 때는 기회원
가가 얼마인지 정확하게 파악해야 한다.

> 예 A기업이 잉여자금 500만원으로 주식투자를 했을 때 600만원의 수익이 발생했다. 만약 이때 500만원으로
> 신제품을 개발하여 판매했다면 800만원의 수익을 얻을 수 있었다고 가정해 보자.

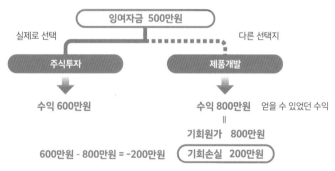

※ 결과적으로 손실이 되는 기회원가를 기회손실(opportunity loss), 이익이 되는 기회원가를 기회이익(opportunity benefit)
이라고 한다.

잉여자금을 제품개발에 썼다면 800만원이라는 수익이 발생했을 것이다. 실제 수익인 600만원에서 기회원가인
800만원을 차감해 200만원 손실이라고 생각하는 것이 기회원가에서의 사고방식이다.

재고 부족은 커다란 기회손실이다

비즈니스를 할 때는 재고 부족으로 상품을 팔지 못하는 사태가 생기지 않도록 주의해야 한다. 상품이 있었다면 매출이 발생했을 것이므로, 이는 기회손실에 해당한다.

예 판매가격이 400원인 사탕을 200개 매입해 당일 오전 중에 전부 판매했다. 사탕이 충분했다면 오후에도 같은 수량을 판매할 수 있었다고 하자.

400원 × 200개 = 8만원
⬇
8만원의 기회손실

위의 예는 '같은 수량을 판매할 수 있었다'고 가정했지만 실제로는 과연 몇 개를 팔았을지 예측하기 어렵다. 바로 그 점에 재고 부족으로 인한 기회손실의 무서움이 있다. 한편으로 재고자산 조정이 얼마나 어려운지도 알 수 있는 예다(→54쪽).

두 가지 이상의 선택지 중 기회원가가 가장 큰 방안을 선택하면 되겠군요.

기회원가를 염두에 두고 다양한 선택지를 검토해서 비즈니스 기회를 잡아야 한다네.

☑ **매몰비용(sunk cost)이란**

매몰비용은 이미 발생한 비용을 말한다. 일단 지출하고 나면 회수할 수 없다는 점에 집착해서 미래의 의사결정을 그르치지 않도록 해야 한다. 예를 들어 신상품을 개발하고 있는데 그 상품이 잘 팔리지 않아 적자가 날 것이 분명할 경우를 생각해보자. 그때까지 들인 개발비용이 아까워서 개발을 계속할 것이 아니라 도중에 과감히 철수해야 미래에 발생할 더 큰 손실을 막을 수 있다.

09

비용을 변동비와 고정비로 분해한다

▌ 변동비와 고정비의 차이점을 알아둔다

기업이 지급하는 각종 비용을 **고정비**와 **변동비**로 분류하는 것을 **비용분해**라고 한다. 이렇게 하면 이익을 증대하기 위한 요소가 무엇인지 알 수 있다. 먼저 변동비와 고정비의 차이점을 알아두자.

변동비는 매출액과 함께 증감한다

변동비는 매출액이나 생산액에 맞춰서 증감하는 비용이다. 대표적으로 판매업의 매입원가가 있다. 매출액이 늘면 매입원가가 증가하고, 매출액이 줄면 매입원가도 감소한다.

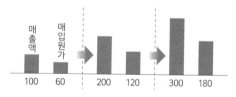

주요 변동비

제조업	판매업
● 재료비	● 매입원가
● 외주가공비	● 보관료
● 연료비 등	● 운송비 등

매출액이 증가하면 매입원가도 증가한다

고정비는 반드시 일정한 금액이 발생한다

매출액과 생산액의 증감에 상관없이 거의 동일한 금액이 발생하는 비용이 고정비이며, 변동비가 아닌 대부분의 금액이 여기에 해당한다.

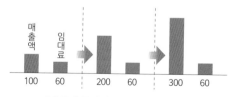

주요 변동비
● 급여수당
● 광고선전비
● 보험료
● 임대료 등

매출액이 증가해도 임대료는 일정하다

변동비율과 비유동비율

매출액에서 변동비가 차지하는 비율을 **변동비율**, 고정비가 차지하는 비율을 **비유동비율**(고정비율)이라고 한다.

변동비율(%) = 변동비 ÷ 매출액 × 100

변동비는 매출액에 비례해서 금액이 변동하므로 변동비율은 항상 일정하다.

 매출액 100만원, 매입원가 80만원인 상품이 있다.
변동비율 = 80만원 ÷ 100만원 × 100 = 80%
같은 상품이 매출액 200만원이 되면 매입원가는 160만원이 된다.
변동비율 = 160만원 ÷ 200만원 × 100 = 80%

변동비율은 일정하므로 과거 실적에서 변동비율을 파악하면 매출액에서 변동비를 역산할 수 있다.

비유동비율(%) = 고정비 ÷ 매출액 × 100

고정비는 매출액이 변화해도 일정하기 때문에 매출액이 증가하면 비유동비율이 낮아지고, 매출액이 감소하면 비유동비율이 높아진다.

변동비는 비율로, 고정비는 금액으로 관리!

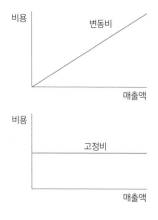

변동비와 고정비의 매출액과의 상관관계를 그래프로 나타내면 왼쪽과 같다.
변동비율은 그래프의 기울기로 나타낸다.

변동비와 고정비의 차이점을 꼭 알아둡시다!

10
매출총이익 · 가공액이 이익을 창출하는 열쇠다

▌매출총이익 · 가공액과 고정비

판매업에서는 매출총이익이, 제조업에서는 가공액(→35쪽)이 중요하다. 각 항목을 고정비와 비교함으로써 기업 손익을 알 수 있다.

판매업에서는 매출총이익이 고정비보다 커야 한다

판매업의 변동비는 대부분 매입원가다. 그러므로 매출총이익(=매출액-매입원가)에 포함된 비용 중 대부분은 인건비 등의 고정비다. 매출총이익이 고정비보다 많으면 이익이 생기지만, 적으면 손실이 발생한다.

매출액

| 매출총이익 | | 변동비 ≒ 매입원가 |
| 이익 | 고정비 | |

제조업에서는 가공액이 고정비보다 커야 한다

제조업의 변동비는 대부분 재료비와 외주가공비다. 그러므로 가공액(=매출액-재료비-외주가공비)에 포함되는 비용 중 대부분은 고정비다. 가공액이 고정비보다 크면 이익이 생기지만, 적으면 손실이 발생한다.

매출액

| 가공액 | | 변동비 ≒ 재료비 + 외주가공비 |
| 이익 | 고정비 | |

▌매출액 증감이 이익에 미치는 영향

변동비와 고정비를 합산한 것을 **총비용**이라고 하고, 매출액에서 총비용을 차감한 것이 이익이다. 매출액 증감이 이익에 어떤 영향을 주는지 알아보자.

매출액 증감과 이익률 변화

매출액이 증가하면 변동비도 그에 비례해 증가하지만, 고정비는 일정하다. 그러므로 매출액에서 이익이 차지하는 비율(이익률)도 변한다.

예 매출액 1,000만원인 상품 A의 매출액이 10% 증가한 경우

매출액	1,000만원		매출이 10% 증가	매출액	1,100만원
- 변동비	400만원	총비용		- 변동비	440만원
- 고정비	300만원			- 고정비	300만원
이익	300만원			이익	360만원

이익이 20% 증가

매출액이 10% 증가
→ 변동비도 10% 증가·고정비는 변화 없음
→ 이익은 20% 증가 (이익률이 증가)

매출액증가율 이상으로 이익이 증가
반대로 매출이 감소하면, 매출액 감소율 이상으로 이익이 감소

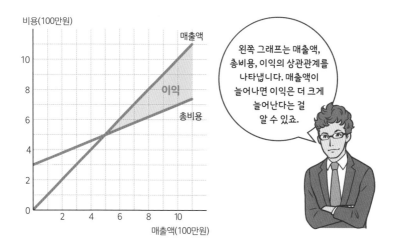

비용(100만원)

매출액

이익

총비용

매출액(100만원)

왼쪽 그래프는 매출액, 총비용, 이익의 상관관계를 나타냅니다. 매출액이 늘어나면 이익은 더 크게 늘어난다는 걸 알 수 있죠.

11

공헌이익이 증가하면 고정비를 회수할 수 있다

공헌이익은 고정비를 회수하는 힘

회계에서는 공헌이라는 용어를 '1개 추가했을 때', '1단위 증가시켰을 때'라는 의미로 사용한다. **공헌이익**(contribution margin)은 매출이 1개 늘었을 때의 이익이라는 뜻이다.

공헌이익이 고정비를 초과하면 이익이 발생한다

예를 들어 마트가 800원에 매입한 과자를 1,000원에 판매한다고 하자. 과자가 한 개 팔리면 1,000원 매출이 발생하고, 매입원가(≒변동비)를 차감한 1개분의 이익(공헌이익)이 200원 생긴다. 즉 공헌이익은 매출액에서 변동비를 차감해 구할 수 있다.

공헌이익 = 매출액 − 변동비

어떤 상품이나 제품이 1개 팔리면(즉 매출액이 1개 증가하면) 그만큼의 공헌이익이 생긴다. 그것이 반복되어 공헌이익이 고정비와 같은 금액이 된 시점에 고정비가 완전히 회수되고, 그다음부터 이익을 창출할 수 있다.

공헌이익과 고정비 회수
마트의 고정비가 2,000원, 과자의 공헌이익이 200원이라고 하면 과자가 10개 팔렸을 때 고정비 회수가 완료되고, 그다음부터 이익이 생긴다.

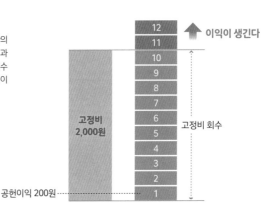

공헌이익과 매출총이익·가공액

매출액에서 매입원가를 차감하면 매출총이익, 또 매출액에서 재료비+외주가공비를 차감하면 가공액이 된다. 매입원가, 재료비+외주가공비는 각각 변동비의 대부분을 차지하므로 상품(제품) 1개의 경우를 생각하면 매출총이익·가공액은 공헌이익과 거의 같다는 사실을 알 수 있다.

> **판매업**　공헌이익 = 매출총이익 = 매출액 - 매입원가

> **제조업**　공헌이익 = 가공액 = 매출액 - (재료비 + 외주가공비)

공헌이익을 근거로 1년간의 목표이익을 생각한다

1년 동안 발생하는 고정비는 대개 확정되어 있다. 그러나 공헌이익은 연초에는 0인 상태다. 기업이 활동하면서 공헌이익을 꾸준히 늘려가면 고정비와의 차이가 줄어들고, 고정비를 넘으면 그때부터 이익을 창출하게 된다. 따라서 고정비 회수가 연도의 며칠째에 끝나고 목표이익을 창출하는 일수가 그 뒤 며칠 있는지 알 수 있다.

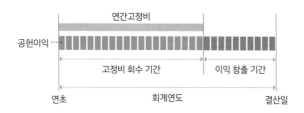

> 공헌이익(매출총이익·가공액)은 대략적인 이익 창출 기간과 목표 설정을 산출하는 데 매우 중요한 지표야.

12
손익분기점 매출액으로 이익을 내는 구조를 파악한다

▌ 손익분기점 매출액은 손익 제로(0)

손익분기점 매출액은 고정비를 회수하고 손익이 0이 되는 매출액을 말한다. 즉 손익분기점 매출액보다 매출액이 크면 이익이 발생해 흑자로 돌아선다.

손익분기점 매출액 계산방법

손익이 0이 되는 매출액은 공헌이익에 의해 고정비가 회수되었을 때의 것, 즉 공헌이익의 합계와 고정비가 동일해졌을 때의 매출액이다(→70쪽).

❶ 공헌이익 = 고정비

손익분기점 매출액(손익이 0인 매출액)에서는 ❶이 성립한다.

❷ 공헌이익률 = 공헌이익 ÷ 매출액

매출액을 차지하는 공헌이익의 비율을 ❷의 공헌이익률이라는 식으로 나타낼 수 있다.

❸ 공헌이익 = 매출액 × 공헌이익률

❷에서 공헌이익은 매출액에 공헌이익률을 곱하면 계산할 수 있다.

❹ 매출액 × 공헌이익률 = 고정비

❸에 ❶을 대입하면 ❹가 된다.

❺ 매출액 = 고정비 ÷ 공헌이익률

❹를 변형하면 공헌이익과 고정비가 같아지는 손익분기점 매출액을 알 수 있다.

손익분기점 매출액 = 고정비 ÷ 공헌이익률

손익분기점 매출액은 고정비와 변동비율로 구할 수 있다

공헌이익률은 변동비율(→67쪽)을 알면 구할 수 있다.

❶ 공헌이익 = 매출액 - 변동비

공헌이익은 매출액에서 변동비를 차감해 구한다.

$$❷ \quad \frac{공헌이익}{매출액} = \frac{매출액}{매출액} - \frac{변동비}{매출액}$$

양변을 매출액으로 나눈다.

❸ 공헌이익률 = 1 - 변동비율

❷의 좌변(공헌이익 ÷ 매출액)은 공헌이익률을 나타내고, 우변의 변동비 ÷ 매출액은 변동비율을 나타낸다.

이 식을 앞쪽의 손익분기점 매출액을 구하는 식에 대입하면,

손익분기점 매출액 = 고정비 ÷ (1 - 변동비율)

예 기업의 고정비가 3,000만원이고 과거 실적을 봤을 때 변동비율이 70%였던 경우

손익분기점 매출액 = 3,000만원 ÷ (1 - 0.7)
= 1억원

손익분기점 매출액은
고정비와 변동비율을 알면
금방 계산할 수 있네.

또 판매업의 대략적인 손익분기점 매출액은 다음과 같이 계산할 수 있다.

손익분기점 매출액 = 고정비 ÷ 매출총이익률

※ 매출총이익률 = 매출액총이익률 (→148쪽)

☑ 이익도표

이익도표란 매출액과 비용, 이익의 관계를 알기 쉽게 나타낸 것이다. 목표이익이나 매출액 등 다양한 시뮬레이션을 할 수 있다.

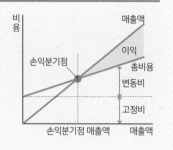

※ 총비용과 매출액이 교차하는 점이 손익분기점이며, 그 지점의 매출이 손익분기점 매출액이다.

13 손익분기점 매출액으로 목표이익을 알 수 있다

▌목표이익을 달성하기 위한 매출액을 파악한다

손익분기점 매출액을 이용해, 목표이익을 달성하려면 얼마나 매출액(목표매출액)을 올려야 하는지 계산할 수도 있다.

목표매출액을 시뮬레이션한다

목표이익을 달성한다는 것은 고정비를 완전히 회수한 다음 목표이익에 도달할 때까지 공헌이익을 지속적으로 낸다는 의미이다.

목표이익에 도달하는 매출액(목표매출액)을 냈을 때는 ❶이 성립한다.

❶ 공헌이익 = 고정비 + 목표이익

❷ 목표매출액 × 공헌이익률 = 고정비 + 목표이익

공헌이익은 매출액에 공헌이익률을 곱해서 계산한다(→72쪽).

❸ 목표매출액 = $\dfrac{\text{고정비 + 목표이익}}{\text{공헌이익률}}$ = $\dfrac{\text{고정비 + 목표이익}}{1 - \text{변동비율}}$

예 고정비가 3,000만원, 변동비율이 70%인 회사가 300만원의 목표이익을 달성하려는 경우

목표매출액 = $\dfrac{\text{3,000만원 + 300만원}}{1 - 70\%}$ = 1억 1,000만원

➡ 1억 1,000만원이 목표매출액이다.

☑ 이익도표와 목표이익

목표이익은 이익도표로 시뮬레이션할 수도 있다. 목표이익만큼 총비용선을 위로 올리면 매출액과 교차하는 점도 오른쪽으로 움직인다. 이 교차점이 목표매출액이다.

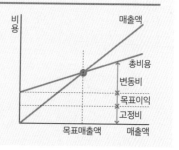

비용 / 매출액 / 총비용 / 변동비 / 목표이익 / 고정비 / 목표매출액 / 매출액

안전한계율로 손익분기점을 확인한다

손익분기점 매출액이 높은 기업은 좀처럼 이익이 나지 않아 적자가 발생하기 쉽다. 반대로 손익분기점 매출액이 낮으면 이익을 내기 쉽다. 이익을 내는 기업 체질이 될 수 있도록 손익분기점 매출액을 낮게 설정하는 것이 기업 목표 중 하나라 할 수 있다.

안전한계율이 높을수록 적자가 나지 않는다

기업의 현재 매출수준이 손익분기점을 얼마나 초과했는지 보여줌으로써 장래에 매출이 감소하더라도 적자를 보지 않고 견딜 수 있는 여유 능력을 보여주는 지표가 **안전한계율**(margin of safety ratio)이다. 안전한계율은 다음과 같이 구한다.

안전한계율(%) = (실제 매출액 − 손익분기점 매출액) ÷ 실제 매출액 × 100

안전한계율이 높다	안전한계율이 낮다
• 매출액과 손익분기점 매출액의 차이가 큼 • 매출액이 많거나 비용이 적은 상태	• 매출액과 손익분기점 매출액의 차이가 작음 • 매출액이 적거나 비용이 많은 상태

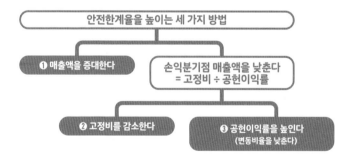

안전한계율을 높이는 세 가지 방법

❶ 매출액을 증대한다

손익분기점 매출액을 낮춘다
= 고정비 ÷ 공헌이익률

❷ 고정비를 감소한다

❸ 공헌이익률을 높인다
(변동비율을 낮춘다)

예 A기업의 매출액은 5,000만원, 손익분기점 매출액은 4,200만원이다.
(5,000만원 − 4,200만원) ÷ 5,000만원 × 100 = 16%

➡ 안전한계율 16%

매출액이 16% 감소하면 이익이 0이 된다.
안전한계율이 최소한 15%를 초과해야 한다.

고객분석으로 매출을 증대시킨다

고객분석의 첫걸음은 고객의 유형 분류

매출을 증대하기 위한 중요한 수단 중 하나가 고객을 늘리는 것이다. 고객을 늘리는 방법
은 여러 가지지만, 그보다 먼저 고객 유형을 분석해 그에 맞는 대책을 세워야 한다.

$$\text{고객 수} = \underset{❶}{\text{기존 고객}} + \underset{❷}{\text{신규 고객}} - \underset{❸}{\text{이탈 고객}}$$

❶ 기존고객 : 이미 그 기업의 상품을 구매하고 있는 고객

고객 유지 ➡ **대책** 이벤트 등을 통해 기존 고객에게 신선함을
지속시킨다.

❷ 신규 고객 : 그 기업의 상품을 새로 사줄 고객

추가 고객
확충 ➡ **대책** 로스리더* 마케팅과 프레젠테이션 기획,
기존 고객을 통한 입소문을 이용해 신규
고객을 끌어들인다. SNS나 블로그 등
인터넷을 이용한다.

❸ 이탈 고객 : 상품 구매를 중단한 기존 고객

인센티브
전략 ➡ **대책** 고객 관리를 통해 일정 기간 이상 구매
행위가 없는 고객에게 쿠폰 등을 보낸다.

* 로스리더(loss leader)란 더 많은 손님을 끌어모으기 위해 원가보다 싸게 팔거나 일반 판매가보다 훨
씬 싼 가격으로 판매하는 상품으로, 유인상품 또는 미끼상품이라고 부른다.

나도 이제 프로 직장인!
재무제표의 기초

01

재무제표는 자타가 공인하는 기업의 성적표

기업의 성적을 보여주는 재무제표

재무제표는 기업의 사업성과를 정리한 보고서다. 일정 기간의 이익과 자산 상황을 알 수 있어 효과적인 비즈니스 도구로 활용할 수 있다. 재무제표는 **결산서**라고도 하며 기업회계기준을 근거로 작성해야 한다(**결산공고**).

재무제표는 회계연도별로 작성한다

재무제표는 회계연도별로 작성해야 한다. 기업의 상황은 1년간 투자·회수·조달 등 다양한 거래가 이루어지므로 시시각각 변하기 마련이다. 그러나 재무제표를 보면 결산일을 기점으로 한 기업의 실적을 일목요연하게 볼 수 있다.

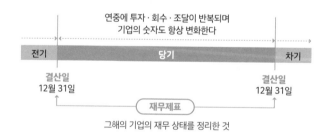

그해의 기업의 재무 상태를 정리한 것

※ 결산일이 12월 31일인 경우의 예. 결산은 최소한 1년에 1회 한다.

☑ 재무제표의 결산일을 확인하자

결산일은 기업이 자유롭게 정할 수 있으므로 두 회사의 재무제표를 비교할 때 연도는 같지만 시기가 다른 경우도 있다. 재무제표를 볼 때는 결산일이 언제인지 확인하도록 하자.

재무제표의 세 가지 목적

재무제표를 만드는 목적은 크게 ① 대외용 정보 공개, ② 납세, ③ 기업의 전략 설정 등 세 가지다.

① 대외용 정보 공개

- 주주 등 투자자
- 은행 등 채권자
- 증권거래소(상장기업)
- 거래처 등

스테이크홀더(stakeholder)
스테이크홀더는 이해관계자를 의미한다. 투자·회수·조달이라는 기업 거래에 관련되었거나 향후 관련 여부를 검토하는 개인 및 법인을 말한다.

스테이크홀더는 그 기업에 대한 협조 여부를 판단하는 자료로 재무제표를 활용한다. 예를 들어 거래처나 은행은 기업의 지급 및 상환이 일정대로 진행되고 있는지, 주주는 배당금이 지급되는지를 검토한다.

거래처　　은행　　주주

재무제표

세무서

회사

② 납세

1년에 한 번 세무서에 세금을 신고할 때 재무제표를 근거로 세액을 계산한다. 법인세법상 모든 기업은 재무제표를 제출할 의무가 있다.

③ 기업의 전략 설정

기업의 경영자나 임직원이 당기 반성 및 검토를 하고 차기 전략과 계획을 세우는 자료가 된다.

02
재무제표는
여러 문서로 구성된다

▌재무제표는 세 가지 주요 보고서로 구성된다

재무제표는 여러 종류의 보고서로 구성되는데, 기본적으로 **재무상태표**(→88쪽)·**손익계산서**(→110쪽)·**현금흐름표**(→118쪽)라는 세 가지 문서로 이루어진다.

재무상태표는 자산의 상태를 나타낸다

재무상태표의 역할을 한마디로 말하자면 결산일 시점에서 기업의 자산 상황을 나타내는 것이다. 기업은 현금 및 각종 설비 등 여러 자산을 소유한다. 그 자산 상황을 파악함으로써 기업의 안정성 등을 알 수 있다.

손익계산서는 이익을 나타낸다

손익계산서는 회계연도에 얼마나 이익을 창출했는지를 나타낸다. 기업은 영업활동을 통해 투자와 회수를 반복하는데, 그 결과를 나타내는 성적표가 손익계산서다.

현금흐름표는 현금 수지를 나타낸다

현금흐름표는 재무상태표와 손익계산서에서는 파악하지 못하는 현금 및 예금의 증감과 그 원인을 나타내는 서류다. 주식시장에 상장된 기업은 현금흐름표를 작성할 의무가 있다.

> ☑ **잠정 실적 발표**
>
> 상장기업이 증권거래소 규정에 근거해 작성하는 재무제표 공시(실적 공시)는 주가에 큰 영향을 미친다. 분기보고는 분기말 다음 날로부터 45일 안에 하며, 일부 기업들은 그 전에 잠정 실적 발표를 하기도 한다. 예를 들어 LG화학은 2020년 3분기 잠정 경영실적을 10월 12일 발표하고, 10월 21일 기업설명회(IR)를 열어 정식 실적을 발표했다. 잠정 실적 발표는 이변이 없는 한 정식 발표와 거의 내용이 같다고 보면 된다.

기본 재무제표와 그 외의 재무제표

많은 경우 기본적인 세 가지 재무제표를 확인하면 충분하지만, 상세한 정보를 알고 싶을 경우 **자본변동표**, **주석**, **사업보고서**, **제조원가보고서** 등이 도움이 된다.

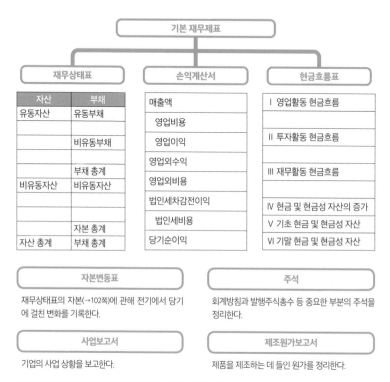

```
                    ┌─────────────────┐
                    │  기본 재무제표    │
                    └─────────────────┘
```

재무상태표		
자산	부채	
유동자산	유동부채	
	비유동부채	
	부채 총계	
비유동자산	비유동자산	
	자본 총계	
자산 총계	부채 총계	

손익계산서

매출액
영업비용
영업이익
영업외수익
영업외비용
법인세차감전이익
법인세비용
당기순이익

현금흐름표

Ⅰ 영업활동 현금흐름
Ⅱ 투자활동 현금흐름
Ⅲ 재무활동 현금흐름
Ⅳ 현금 및 현금성 자산의 증가
Ⅴ 기초 현금 및 현금성 자산
Ⅵ 기말 현금 및 현금성 자산

자본변동표
재무상태표의 자본(→102쪽)에 관해 전기에서 당기에 걸친 변화를 기록한다.

주석
회계방침과 발행주식총수 등 중요한 부분의 주석을 정리한다.

사업보고서
기업의 사업 상황을 보고한다.

제조원가보고서
제품을 제조하는 데 들인 원가를 정리한다.

※ 자산이 120억원 이상인 기업은 '외부 감사에 관한 법률'의 적용을 받아 상장기업은 연 4회, 비상장기업은 연 1회 재무제표를 제출해야 한다. 또한, 자산총액 1,000억원 이상인 비상장법인은 상장기업과 마찬가지로 재무상태표, 손익계산서, 현금흐름표, 자본변동표, 주석을 제출할 의무가 있다.

세 가지 재무제표로 무엇을 알 수 있을까요?

어려운데…

기업의 안전성과 수익성, 성장성을 파악할 수 있지.

이 세 가지를 재무3표라고도 해

03
재무제표는 회계부서가 작성한다

▌재무제표 작성의 첫걸음인 기장

재무제표 작성은 회계부서의 업무이므로 다른 부서 사람이 작성방법에 관해 자세히 알 필요는 없다. 그러나 대략적인 흐름은 알아두어야 재무제표를 이해할 수 있다.

부기는 장부 기입이라는 뜻

기업활동은 다양한 거래행위로 이루어지는데, 그런 거래를 장부에 기입하는 것(기장)이 재무제표의 출발이다. 이 장부 기입을 **부기**라고 하며 이는 회계부서의 주된 업무 중 하나다.

분개는 재무제표의 재료가 된다

부기는 거래행위가 일어나면 그것을 원인과 결과로 나누어 기록해야 하는데, 이것을 **분개**라고 한다. 매일 일어나는 거래를 분개하고 결산할 때 **총계정원장**이라는 일람표 형식으로 정리한다. 이 표를 바탕으로 만드는 것이 재무제표다.

재무제표 작성 흐름

거래 ➡ 분개 ➡ 총계정원장 ➡ 재무제표

☑ **분개장과 총계정원장**

모든 거래는 분개장이라는 장부에 기입하고, 이것을 계정과목(→26쪽)별로 정리해야 한다(전기). 이때 사용하는 것이 총계정원장이다. 그러나 요즘에는 컴퓨터로 회계 프로그램을 사용하는 회사가 많다. 이 경우 데이터를 한 번만 입력하면 모든 작업이 자동적으로 이루어진다.

기업의 숫자에 관한 업무를 담당하는 회계담당자

경리 등 회계담당자는 재무제표를 작성하기 위해 장부 기입 외에도 회사의 거래 중 돈에 관련된 여러 업무를 담당한다. 영업담당자처럼 매출을 올리기 위해 현장에 나가는 일은 별로 없지만, 다른 의미에서 회사를 뒷받침해주는 중요한 업무라 할 수 있다.

경리의 다양한 업무

경리의 업무는 장부 기입 및 계산, 현금과 예금 관리, 증빙서류 관리로 크게 나뉜다. 또한 매월 급여계산과 거래처에 대한 청구·지급 업무를 하고, 연말에는 재무제표를 작성한다.

현금·예금 관리

경비 정산 등 세세한 업무에서 자금운용표 작성 등 회사의 존속과 관련된 중요한 업무에 이르는 다양한 일을 한다.

장부 기입·관리

거래를 장부에 기입하고 계산한다. 이 작업을 바탕으로 재무제표가 작성된다.

증빙서류 관리

증빙서류는 영수증이나 청구서 등 거래 사실을 증명하는 것이다. 증빙서류를 잘 관리해야 세무조사에 대비할 수 있다.

기타

관리부서의 인원이 적은 회사에서는 급여계산과 거래처에 대한 청구 및 지급 업무 등도 경리가 한다.

04
재무제표 작성하기 ①
분개에서 시산표까지

▌ 분개는 재무제표의 기초

재무제표 작성은 거래를 기장하고 분개하는 것에서 출발한다. 기본적인
분개방법을 알아두면 재무제표의 기초 내용을 이해하는 데 도움이 될
것이다.

거래의 두 가지 측면을 기록한다

분개의 기본은 거래의 두 가지 측면을 기록하는 것이다. 예를 들어 자본
금으로 100만원을 모았다고 하자. 이 거래에는 100만원이라는 현금이
늘었다는 결과와 그 100만원은 자본금으로 받았다는 원인의 두 가지
측면이 있다. 이것을 양쪽에 기입한다.

예 자본금으로 현금 100만원을 모았다.

(현금 증가) / (자본금 증가)

차변	대변
현금 1,000,000	자본금 1,000,000

예 현금 90만원으로 상품을 매입했다.

(비용 증가) / (현금 감소)

차변	대변
매입 900,000	현금 900,000

예 매출 120만원을 현금으로 받았다.

(현금 증가) / (매출 증가)

차변	대변
현금 1,200,000	매출 1,200,000

예 통신비 5만원을 현금으로 지급했다.

(비용 증가) / (현금 감소)

차변	대변
통신비 50,000	현금 50,000

분개란의 왼쪽을 차변이라고 하고 오른쪽을 대변이라고 한다. 자산 및 비용이 증가했을 때는 차변
에, 감소했을 때는 대변에 기록한다. 부채와 자본(순자산), 수익이 증가했을 때는 대변, 감소했을 때는
차변에 기록한다.

거래를 최종 정리하는 시산표

다음으로, 분개한 거래를 총계정원장에 계정과목별로 정리한다. 그렇게 함으로써 계정과목별 잔액을 알 수 있다. 이것을 표로 만든 것이 시산표이다.

총계정원장　앞의 거래에서 계정과목별로 잔액(오른쪽란)을 정리하면 다음과 같다.

현금

계정과목	차변	대변	잔액
자본금	1,000,000		(차변) 1,000,000
매입		900,000	(차변) 100,000
매출	1,200,000		(차변) 1,300,000
통신비		50,000	(차변) 1,250,000

자본금

계정과목	차변	대변	잔액
현금		1,000,000	(대변) 1,000,000

매출

계정과목	차변	대변	잔액
현금		1,200,000	(대변) 1,200,000

매입

계정과목	차변	대변	잔액
현금	900,000		(차변) 900,000

통신비

계정과목	차변	대변	잔액
현금	50,000		(차변) 50,000

※ 잔액란의 차변·대변 표시는 잔액이 남아있는 위치를 나타낸다.

시산표　결산일 시점의 총계정원장 잔액을 표로 만들면 다음과 같은 시산표가 작성된다. 자산과 비용은 차변에, 부채와 자본, 수익은 대변에 그 잔액이 남는다.

계정과목	차변	대변
현금	1,250,000	
자본금		1,000,000
매출		1,200,000
매입	900,000	
통신비	50,000	
총계	2,200,000	2,200,000

➡ 자산·부채·자본이 재무상태표의 뼈대이다.

➡ 수익·비용이 손익계산서의 뼈대이다.

➡ 모든 거래의 총액은 반드시 좌우가 일치한다.

05
재무제표 작성하기 ②
시산표에서 재무제표까지

▌ 시산표를 분류하면 재무제표가 만들어진다

시산표는 원래 총계정원장에 전기할 때 오류를 확인하기 위해 작성한다. 또 재무제표를 작성하는 자료로도 쓰인다.

시산표를 다섯 가지 카테고리로 분류한다

시산표의 계정과목을 크게 다섯 가지로 나누어보자.

예 오른쪽과 같은 시산표를 바탕으로 ❶~❺의 다섯 카테고리로 분류한다.

계정과목	차변	대변	
현금	4,100,000		
외상매출금	1,600,000		❶
미수금	820,000		
차량	1,200,000		
외상매입금		250,000	❷
차입금		3,000,000	
자본금		3,000,000	❸
매출		5,500,000	❹
매입	4,000,000		
잡비	20,000		❺
소모품비	10,000		
합계	11,750,000	11,750,000	

예 ❶~❺를 각각 오른쪽과 같이 배치했다고 가정하자.

❶ 합계 7,720,000	❷ 합계 3,250,000
	❸ 합계 3,000,000
❺ 합계 4,030,000	❹ 합계 5,500,000

재무상태표와 손익계산서의 바탕은 같다

이렇게 작성한 표를 위아래로 쪼개면 재무상태표와 손익계산서 형태가 갖추어진다. ❶~❺는 ❶ 자산, ❷ 부채, ❸ 자본, ❹ 수익, ❺ 비용에 해당한다.

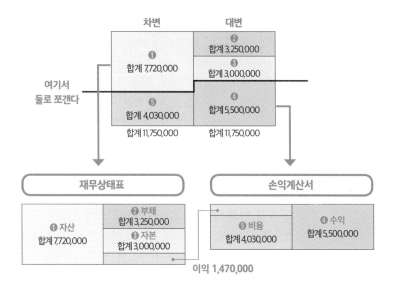

위와 같이 재무상태표와 손익계산서로 분할하면 좌우 합계금액이 일치하지 않는다. 좌우 합계금액의 차액이 당기 이익(또는 손실)이며, 이 금액을 포함시키면 총액이 일치한다.

실제로는 시산표에서 감가상각비 등을 조정한 기말정산표를 만든 다음 재무제표(결산서)를 작성해요.

06

재무상태표는 자금운용과 조달을 나타낸다

▌ 재무상태표로 기업이 보유한 재산을 파악할 수 있다

재무상태표는 결산일에 기업이 어떤 종류의 재산을 얼마나 갖고 있는지를 보여준다. 왼쪽은 재산의 종류를, 오른쪽은 어떻게 그 돈을 모았는지를 나타내고 표의 좌우 합계금액은 반드시 일치한다. 그런 이유로 과거에는 **대차대조표**(balance sheet)라는 명칭으로 불리었다.

재무상태표는 세 부분으로 나뉜다

재무상태표는 **자산, 부채, 자본**의 세 부분으로 나뉜다. 그중 자산(왼쪽)이 기업의 재산 즉 자금운용방법을, 부채와 자본(오른쪽)이 자금조달방법을 나타낸다.

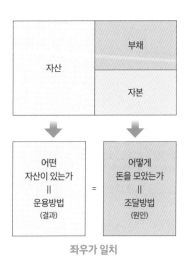

좌우가 일치

※ 시산표에서 분할했을 때의 차액이었던 이익은 자본에 포함된다.

재무상태표는 자산·부채·자본을 파악한다

자산 부분은 기업이 현재 보유한 재산이므로 그중 상당수는 눈으로 확인할 수 있다. 반면 부채와 자본은 재산조달방법을 나타냈으므로 눈으로 봐도 확인할 수 없다.

재무상태표 예시

◎◎주식회사　　2020년 12월 31일 현재　　(단위 : 만원)

자산		부채	
유동자산		유동부채	
현금 및 현금성 자산	420	지급어음	360
받을어음	480	외상매입금	800
외상매출금	1,100	단기차입금	1,000
유가증권	560	미지급법인세	180
상품	600	이연법인세부채	400
선급비용	100	비유동부채	
대손충당금	(20)	사채	700
비유동자산		장기차입금	900
유형자산		퇴직급여충당부채	300
건물	2,000	부채총계	4,640
차량	240	자본	
토지	1,200	주주자본	
무형자산		자본금	1,560
소프트웨어	5	자본잉여금	400
차지권	10	이익잉여금	600
전신전화가입권	5	기타포괄손익누계액	
투자자산		매도가능증권평가이익	100
투자유가증권	300		
장기대여금	300	자본총계	2,660
자산총계	7,300	부채와 자본 총계	7,300

자산과 부채·자본 총계는 반드시 일치

☑ 계정식과 보고식

재무상태표처럼 좌우로 구성된 방식을 계정식이라고 한다. 반면 위에서 아래로 차례대로 표기한 것을 보고식이라고 한다. 일반적으로 사내 자료용으로는 계정식, 외부 공시용으로는 가독성을 살린 보고식을 사용한다.

Chapter 03
레벨업! 재무제표

07
재무상태표의 항목은 유동과 비유동으로 구분한다

유동·비유동의 차이점과 기준

재무상태표의 자산과 부채 항목은 **유동**과 **비유동**으로 나뉜다. 이것은 정상영업순환기준과 1년기준이라는 기준에 따른 것이다.

계정과목은 현금화하기 쉬운 순으로 나열한다

재무상태표의 왼쪽인 자산 항목은 위에서부터 현금화하기 쉬운 순으로 나열한다. 부채는 상환기한이 짧은 순으로 나열한다. 자본은 상환할 필요가 없는 항목이다.

재무상태표 (단위 : 만원)

현금화하기 쉬운 순으로 나열 / 유동자산 / 비유동자산

자산		부채	
유동자산		유동부채	
현금 및 현금성 자산	420	지급어음	360
받을어음	480	외상매입금	800
외상매출금	1,100	단기차입금	1,000
유가증권	560	미지급법인세	180
상품	600	이연법인세부채	400
선급비용	100	비유동부채	
대손충당금	(20)	사채	700
비유동자산		장기차입금	900
유형자산		퇴직급여충당부채	300
건물	2,000	부채총계	4,640
차량	240	자본	
토지	1,200	주주자본	
무형자산		자본금	1,560
소프트웨어	5	자본잉여금	400
차지권	10	이익잉여금	600
전신전화가입권	5	기타포괄손익누계액	
투자자산		매도가능증권평가이익	100
투자유가증권	300		
장기대여금	300	자본총계	2,660
자산총계	7,300	부채와 자본 총계	7,300

유동부채 / 비유동부채 / 자본

상환기한이 짧은 순으로 표시 / 상환 불필요

유동과 비유동을 구분하는 두 가지 기준

유동이냐 비유동이냐는 정상영업순환기준과 1년기준이라는 두 가지 기준으로 구분한다.

정상영업순환기준

매일 일어나는 영업활동 중 형태를 바꿔가면서 순환하는 것을 유동자산(유동부채)으로 규정한다. 제조업의 경우, 매일 현금으로 원재료를 구매하고 그것을 가공해 제품이 완성된다. 또한 제품을 판매하면 외상매출금이 발생하고, 그 뒤 현금을 회수한다. 이처럼 '현금 → 원재료 → 제품 → 외상매출금 → 현금'이라는 형태로 순환하는 것이 유동자산이다.

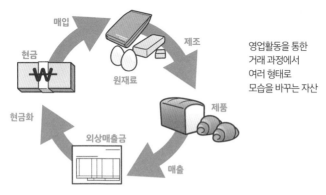

영업활동을 통한
거래 과정에서
여러 형태로
모습을 바꾸는 자산

1년기준

결산일로부터 1년 안에 현금화할 수 있는 자산을 유동자산, 1년 이후에 상환기한이 오는 부채를 유동부채로 규정한다. 그 밖의 것은 비유동자산, 비유동부채로 간주한다. 기본적으로는 1년기준으로 구분하지만, 1년기준만으로는 판단하기 어려운 것, 예를 들어 1년 안에 회수할 수 있을지 판단하지 못하는 장기체납된 외상매출금이나 외상매입금, 불량재고 등은 정상영업순환기준으로 구분한다.

08

유동자산은
운전자금의 원천이다

유동자산은 현금화하기 쉬운 자산이다

유동자산은 정상영업순환기준 또는 1년기준에 따라 결산일로부터 1년 이내에 현금으로 회수할 수 있다고 판단한 자산이다. 현금화하기 쉬운 것은 기업이 운전자금으로 쓸 수 있다는 의미에서 대단히 중요하다.

유동자산은 기업이 활동하기 위해 반드시 필요하다

1년 이내에 현금화할 수 있는 유동자산은 운전자금의 원천이다. 상품과 원재료 구매, 경비 지급과 차입금 상환 등은 전부 현금이나 예금으로 지급해야 한다. 만약 이를 지급하기 위한 현금이 없다면, 아무리 건물과 토지를 많이 보유해도 기업을 존속시킬 수 없다. 유동자산은 기업이 순조롭게 활동하기 위해 반드시 필요하다.

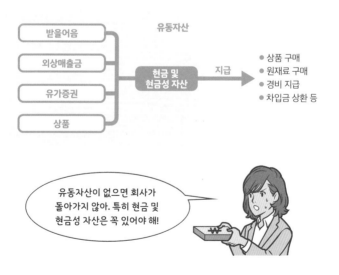

결제수단으로 효과적인 당좌자산

유동자산을 결제수단으로 활용하려면 현금 및 현금성 자산이 되는 데 걸리는 시간이 짧아야 한다. 이런 조건하에서 유동자산의 각 항목을 살펴보면 현실적인 결제수단으로 현금과 예금, 받을어음, 외상매출금, 유가증권을 꼽을 수 있다. 이 네 가지 항목을 **당좌자산**이라고 한다.

재무상태표　　　　(단위 : 만원)

자산	
유동자산	
현금 및 현금성 자산	420
받을어음	480
외상매출금	1,100
유가증권	560
상품	600
선급비용	100
대손충당금	(20)

당좌자산

유동자산 총계인 3,240만원에 대해 당좌자산의 총계는 2,560만원이다. 실제 결제수단으로 이용할 수 있는 것은 2,560만원이다.

여러 가지 유동자산

유동자산의 주요 계정과목은 다음과 같다.

계정과목	내용
현금 및 현금성 자산	현금, 예금, 수표(→38쪽) 등
받을어음	거래처에서 받은 약속어음 (→40쪽)
외상매출금	신용거래로 발생한 매출채권 (→37쪽)
유가증권	타사의 주식, 국채, 사채 등
상품	결산일 시점의 재고상품
제품(제조업)	결산일 시점의 재고제품
재공품(제조업)	결산일 시점의 제조 중인 제품
저장품	미사용된 수입인지 등
가지급금	종업원 등의 경비를 일단 지급한 금액
단기대여금	1년 이내에 회수할 수 있는 대여금
미수금	기업의 주된 영업활동 이외의 거래에서 미회수된 채권
선급금	보증금으로서 미리 지급한 금액 등
선급비용	당기에 계상한 비용 중 차기 비용으로 이연시키는 계정과목(결산 시에만 기재)
미수수익	차기에 얻을 수 있는 수익을 추정 계상하는 계정과목(결산 시에만 기재)
대손충당금	부채 중 회수 불가능한 돈(마이너스 계상)(→100쪽)

09
불필요한 비유동자산은 경영상 마이너스다

▌비유동자산은 최소한으로 보유한다

비유동자산은 토지 또는 건물, 설비 등 유동자산에 해당하지 않는 자산이다. 즉 결산일로부터 1년을 초과해도 현금화하지 못하는 자산이다. 비유동자산이 불필요하게 증가하면 자금 부족 사태가 발생할 수 있다.

비유동자산은 자금을 고정화한다

비유동자산에 투입한 돈은 운전자금으로 활용할 수 없다. 이것을 **자금의 고정화**라고 한다. 비유동자산은 필요최소한도로 보유하고, 현금화하기 쉬운 유동자산을 충분히 갖고 있어야 안정적인 경영이 가능하다.

비유동자산은 세 가지로 분류한다

비유동자산은 **유형자산, 무형자산, 투자자산**의 세 가지로 분류한다.

유형자산

기업이 보유한 비유동자산 중 형태가 있는 것을 유형자산이라고 한다. 건물과 토지, 차량 등 장기간 사업을 지속시키기 위해 쓰이는 자산이다. 이런 자산은 토지를 제외하고 감가상각(→44쪽)을 하여 잔존가액을 자산으로 계상한다.

계정과목	내용
건물	건물과 부속시설
기계장치	제조업에 이용되는 기계와 장치
차량	자동차, 트럭 등
기구비품	제조업에 이용되는 기구와 비품 중 내용연수가 1년 이상인 것
토지	회사가 소유한 토지

무형자산

비유동자산 중 형태가 없어서 눈에 보이지 않는 것을 무형자산이라고 한다. 구체적으로는 기업이 장기적으로 보유하는 다음과 같은 권리를 말한다. 무형자산도 기본적으로 감가상각을 한다.

영업권	그 기업만의 특별한 노하우 등 영업상 유리한 자산
상표권	상표에 관한 독점사용권
특허권	특허등록을 마친 발명에 관한 독점사용권
실용신안권	실용신안등록을 마친 안건에 관한 독점사용권
의장권	의장(공업제품 형태나 디자인에 관한 연구)등록을 마친 안건에 관한 독점사용권
소프트웨어	컴퓨터로 프로그래밍한 시스템
전신전화가입권	가입한 전화회선을 사용할 권리
차지권	토지를 빌려 건물부지로 이용할 권리

투자자산

유형자산과 무형자산에 모두 해당하지 않는 것은 투자자산이 된다. 기업의 주된 영업활동에 도움이 되는 목적 이외에 보유한 유가증권 등이 이에 해당한다.

투자유가증권	만기까지 보유할 예정인 유가증권 등
관계회사주식	자회사나 관련 회사의 주식
장기대여금	회수기한이 1년 이상인 대여금
출자금	협동조합이나 신용금고에 대한 출자금
대손충당금	장기대여금 등에 대한 회수 불가능한 금액을 계산한 것 (→100쪽)
투자부동산	투자목적으로 소유하는 부동산

10

재무제표상의 자산금액은 객관적인 판단을 가로막는다

▌재무상태표상의 금액은 시가가 아니다

재무상태표에는 기업의 자산이 표시되어 있지만, 토지와 유가증권 등은 정확한 가치가 반영되지 않는 경우도 있다. 예를 들어 토지는 구매했을 당시의 취득가액으로 표시되므로 시가와 다른 경우가 많다. 이렇게 재무상태표에 기재된 금액과 실제 가치 간에는 차이가 있다는 것을 알아두자.

평가이익과 평가손실은 가격 변동으로 인해 발생한다

유가증권이나 토지의 가치가 구매 당시보다 오른 경우에는 재무상태표에 실제 가치보다 적은 가치로 계상되어 있으므로 가령 그 자산을 매각했을 때는 이익이 발생한다. 이것을 **평가이익**이라고 한다. 반대로 구매 시점보다 가치가 떨어졌을 때는 그 자산을 매각하면 손실이 발생하므로 이것을 **평가손실**이라고 한다.

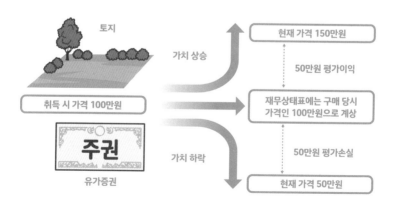

취득원가주의의 결점

자산을 구매한 시점의 가격을 영속적으로 그 자산의 원가로 계상하는
방법을 **취득원가주의**라고 하는데, 평가이익(평가손실)은 재무제표에 기재
되지 않는다. 이것은 주주 등의 이해관계자(→79쪽)가 기업의 실적을 객
관적으로 판단하는 데 걸림돌로 작용한다.

취득원가주의의 주의점

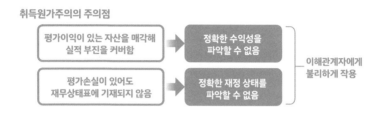

시가주의와 감손회계 도입

기업활동이 국제화되면서 한국도 주주 등 이해관계자의 이익을 중시
하는 국제회계기준을 도입하게 되었다. 유가증권을 원칙적으로 시가로
계상하는 **시가주의**는 주가가 하락하면 그 금액을 기입하고 차액은 유가
증권평가이익(손실)으로 계상한다. 또 토지 시가가 재무상태표 계상액
의 절반 이하로 하락하면 그 차액을 손실로 계상하는 **감손회계**가 도입
되었다.

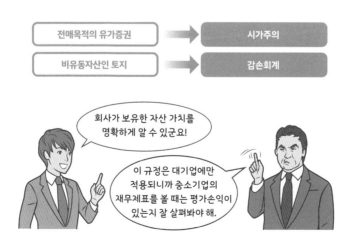

11

부채는 자금운용을
악화시킨다

부채는 차입금에 의한 자금조달이다

재무상태표의 오른쪽은 자금을 조달하는 방법을 나타낸다. 그중 부채에
는 차입금, 즉 상환해야 하는 금액과 종류가 기입된다. 특히 1년 이내에
상환해야 하는 유동부채가 많으면 자금운용에 악영향을 미친다.

부채는 타인에게서 맡은 자본이다

차입금으로 조달한 자금은 타인이 맡긴 돈이라고 해서 **타인자본**이라고
한다. 가능한 한 상환기한이 긴 타인자본 비율이 높아야 기업을 안정적
으로 경영할 수 있다.

☑ 차입금 상환과 재무제표

차입금을 상환할 때 상환액 자체는 재무상태표의 부채 항목에 차입금 감소로, 이자는
손익계산서(→110쪽)에 지급이자로 계상된다. 따라서 손익계산서에서 이익이 발생해도 실
제로는 상환액만큼 현금이 감소한다. 이런 손익과 현금 수지의 차액은 현금흐름표(→118
쪽)에서 확인할 수 있다.

유동부채 증가는 자금운용을 악화시키는 원인이다

부채도 정상영업순환기준 또는 1년기준에 따라 **유동부채**와 **비유동부채**로 구분한다. 유동부채는 결산일로부터 1년 이내에 상환기한이 도래하는 부채다. 상환기한이 짧으므로 유동부채가 증가할수록 기업의 자금운용을 악화시킨다.

계정과목	내용
지급어음	거래에 의해 발행한 약속어음 (→40쪽)
외상매입금	신용거래에서 발생하는 매입금액 (→37쪽)
단기차입금	상환기한이 1년 이내인 차입금
미지급금	매입 이외의 거래에서 발생한 미지급금액
선수금	거래처로부터 상품 매입 등이 종료되기 전에 받은 대금
가수금	종업원의 소득세 또는 사회보험료를 지급하기 위해 일시적으로 보유한 금액
미지급비용	당기 비용이지만 아직 지급하지 않은 비용(결산 시에만 기재)
선수수익	차기에 발생할 매출 이외의 수익과 관련된 대금을 미리 받는 것
상여충당부채	종업원에 대한 상여 중 결산 시점에서 부담할 것으로 추정된 금액 (→101쪽)

비유동부채의 상환기한은 1년 이상이다

유동부채에 해당하지 않는 것이 비유동부채다. 1년을 초과해 상환해야 하는 차입금이 이에 해당한다.

계정과목	내용
사채	기업이 발행한 채권으로 조달한 자금
장기차입금	상환기한이 1년 이상인 차입금
장기미지급금	기업의 주된 영업활동 외의 거래에서 발생한, 상환기한이 1년 이상인 미지급금
퇴직급여충당부채	퇴직금을 미리 계상해놓은 충당부채 (→101쪽)

☑ 직접금융과 간접금융

기업이 자금을 조달하는 방법에는 직접금융과 간접금융이 있다. 간접금융은 은행 등의 금융기관을 통해 돈을 조달하는 방법이다. 직접금융은 사채나 주식 등을 기업이 발행해서 투자자 등으로부터 직접 자금을 모으는 방법이다.

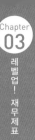
12

확정할 수 없는 금액은
충당금(충당부채)으로 계상한다

█ 충당금(충당부채)은 추정액을 기재한다

재무상태표에는 **충당금**과 **충당부채**라는 계정과목이 있다. 이것은 본래는 당기 지출 또는 손실이지만 금액이 확정되지 않아서 금액을 추정해 당기의 재무상태표에 계상하는 계정과목이다.

대손충당금은 회수 불가능한 금액의 추정액

대손충당금은 외상매출금이나 받을어음 등의 **대여채권**(장래 회수할 예정인 회사채권) 중 회수 불가능할 것으로 보이는 금액을 미리 추정하여 계상한 것이다.

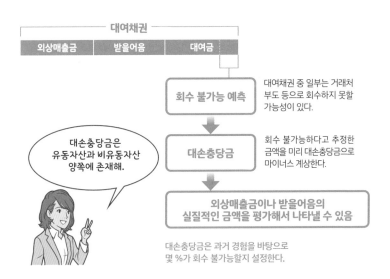

상여충당부채

상여충당부채는 직원의 상여금에 관해 지급할 예정이지만 금액이 아직 확정되지 않았을 경우 계상하는 부채다.

퇴직급여충당부채

퇴직금은 장기간 근무한 것에 대한 보수다. 그러므로 퇴직금을 지급한 기에만 비용이 발생한 것이 아니라 매년 그 금액이 적립된다. 이 경우 미래의 퇴직급여 추정액을 계산해 현재까지 적립해야 하는 금액을 파악한다. 그 금액에서 실제로 적립된 금액을 제했을 때 필요한 금액이 **퇴직급여충당부채**가 된다.

평가성충당금과 부채성충당금

충당금에는 자산을 평가하는 **평가성충당금**과 미래의 지급의무에 대비하는 **부채성충당금**이 있다. 대손충당금은 평가성충당금이고, 상여충당부채와 퇴직급여충당부채는 부채성충당금이다.

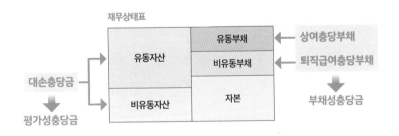

101

13

자본은 상환할 필요가 없는 자금과 이익이다

▌ 자본은 자본금과 이익잉여금에 주목한다

자본은 조달한 자금 중 상환할 필요가 없는 자금을 나타낸다. 자본을 다른 말로 '순자산'이라고도 하지만, 재무상태표 왼쪽에 있는 자산과 오른쪽에 있는 자본은 성질이 전혀 다르다.

자본(자기자본)이 많을수록 경영 안정성이 확보된다

자본은 상환할 필요가 없다는 의미에서 **자기자본**이라고 한다. 또 재무상태표의 오른쪽인 부채(타인자본)와 자본(자기자본)을 합한 것을 **총자본**이라고 한다. 총자본 중 자기자본 비율이 높을수록 기업을 안정적으로 경영할 수 있다.

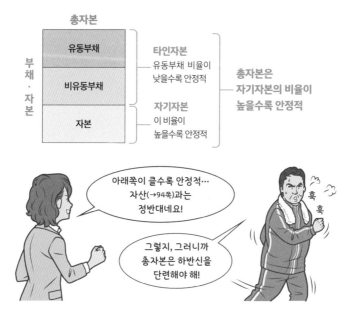

자본금과 이익잉여금

자본은 주주자본과 기타평가손익누계액(평가손익)으로 크게 나뉜다. 후자는 유가증권 등을 시가평가했을 때의 차액을 기재하는 과목이므로 실질적인 자기자본을 나타내는 것은 주주자본이다. 주주자본도 더 세분화할 수 있지만, 그중에서도 중요한 것이 **자본금**과 **이익잉여금**이다.

자본금

자본금은 주주 등이 기업에 출자한 금액이다. 원금은 상환하지 않아도 되지만 출자액에 대한 배당을 이익에서 지급해야 한다.

이익잉여금

이익잉여금은 기업활동에서 생긴 이익이 쌓인 것으로, 회사 설립 시부터 당기까지 창출한 이익 총계다. 다만 이 이익잉여금에서 출자자에 대한 배당금을 지급하므로 각기의 이익이 그대로 쌓이는 것은 아니다.

전기 결산일의 이익잉여금 — 배당(결산일 이후에 차감됨) = 당기순이익 + 전기 이익잉여금의 나머지 → 당기 결산일의 이익잉여금

자본 항목

계정과목	내용
신주청약증거금	기업이 신주를 발행할 때 신주 청약을 보증하기 위해 청약자가 납입한 금액
자본준비금	출자된 자금 중 자본금에 집어넣지 않고 적립하는 법정준비금
기타자본잉여금	감자 또는 자기주식처분을 할 때의 표시액과 환급액의 차액
이익준비금	기업에 유보되는 이익 중 강제적으로 적립되는 법정준비금
각종 적립금	기업이 임의로 적립하는 적립금
이월이익잉여금	당기 미처분이익
자기주식	기업이 자기 재산으로 사놓은 당사의 주식
기타유가증권평가손익	비유동자산의 투자유가증권, 만기까지 보유하지 않는 증권의 시가평가손익
토지재평가손익	사업용 토지를 재평가했을 때의 평가손익

14
재무상태표를 볼 때 중요한 다섯 가지 정보

▌다섯 가지 기본 정보를 파악한다

재무상태표를 보는 기본적인 다섯 가지 관점이 있다. 이 정보를 파악해 중요한 정보를 놓치지 않도록 하자.

❶ 총자산으로 기업의 규모를 파악한다

총자산(총자본)의 금액으로 그 기업의 규모를 파악한다. 물론 기업 규모가 크다고 무조건 좋은 것은 아니다. 자산을 효율적으로 활용해 이익을 창출하는지 봐야 한다.

재무상태표

총자산	총자본
자산	부채
	자본

총자산의
합계액을 확인 = 기업의 경영 규모를 알 수 있다

※ 총자산(자산총계)과 총자본(부채와 자본)의 금액은 같다.

```
총자산회전율
```

총자산(총자본)을 활용해 얼마나 효율적으로 경영하는지 확인하기 위한 지표

$$총자산회전율(회) = \frac{매출액}{총자산}$$

총자산회전율이 높을수록 효율적인 경영이라고 할 수 있지.

❷ 자금조달방법에 무리가 없는지 확인한다

자기자본이 많을수록 경영을 안정적으로 할 수 있다. 타인자본이 많으면 상환 의무가 있으므로 자금운용이 빠듯해지고 지급이자도 발생해 이익을 압박한다.

❸ 자본금 중 회사가 자유롭게 쓸 수 있는 금액을 확인한다

자본(자기자본) 중 자본금은 주주에게 배당금을 지급해야 하므로 이익을 감소시킨다. 자본금보다 이익잉여금이 커야 미래에 대한 투자자금으로 자유롭게 사용할 수 있다.

❹ 유동자산 중 현금화하기 쉬운 금액을 파악한다

유동자산 중에서도 현금화하기 쉬운 당좌자산(→93쪽)이 많을수록 자금운용을 원활하게 할 수 있어 원만한 사업활동이 가능하다.

❺ 비유동자산에 투자한 내용이 적정한지 확인한다

비유동자산의 내용을 확인해 사업과 관련이 없는 투자를 하고 있진 않은지 확인하자. 불필요한 비유동자산이 있으면 자금이 고정화(→94쪽)하여 자금이 부족해질 가능성이 있다.

> **재무상태표에서 다섯 가지를 확인하자**

(단위 : 만원)

자산		부채	
유동자산		유동부채	
현금 및 현금성 자산	420	지급어음	360
받을어음	480	외상매입금	800
외상매출금	1,100	단기차입금	1,000
유가증권	560	미지급법인세	180
상품	600	이연법인세부채	400
선급비용	100	비유동부채	
대손충당금	(20)	사채	700
비유동자산		장기차입금	900
유형자산		퇴직급여충당부채	300
건물	2,000	부채총계	4,640
차량	240	자본	
토지	1,200	주주자본	
무형자산		자본금	1,560
소프트웨어	5	자본잉여금	400
차지권	10	이익잉여금	600
전신전화가입권	5	기타포괄손익누계액	
투자자산		매도가능증권평가이익	100
투자유가증권	300		
장기대여금	300	자본총계	2,660
자산총계	7,300	부채와 자본 총계	7,300

Chapter 03 레벨업! 재무제표

15
재무상태표는
좌우 균형을 본다

▌좌우 균형을 확인해 안전성을 파악한다

재무상태의 균형이란 유동자산과 유동부채 총합의 균형, 또는 비유동 자산과 자본의 균형을 말한다. 이 점을 확인하면 회사의 안전성을 대략 적으로 파악할 수 있다.

유동자산과 유동부채로 1년간의 자금운용 상태를 알 수 있다

유동자산의 총합이 유동부채의 총합보다 크면 상환기한 1년 이내인 부 채를 1년 안에 현금화할 수 있는 자산으로 상환할 수 있다는 말이다. 그 러므로 단기 자금운용에 문제가 없다.

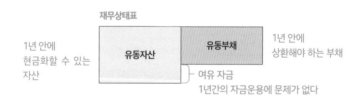

당좌자산과 유동부채로 단기 자금운용 상태를 알 수 있다

유동자산에는 상품 등 현금화하는 시간이 긴 것도 해당한다. 따라서 더 엄밀하게 단기 자금운용이 얼마나 여유가 있는지를 파악하려면 당좌자 산(→93쪽)과 유동부채의 균형을 살펴봐야 한다.

> ☑ 매출채권과 매입채무
>
> 매출채권(외상매출금·받을어음)과 매입채무(외상매입금·지급어음)를 비교하여 매출채권이 훨 씬 많다면, 회수가 늦어지는 매출채권이 포함되었을 가능성이 있다.

비유동자산과 자본 항목으로 설비투자의 문제점을 알 수 있다

비유동자산과 자본의 총계를 비교했을 때, 자본이 더 크면 그 차액은 운전자금으로 활용할 수 있으므로 원활하게 설비투자를 할 수 있고, 자금운용도 안정적이라 할 수 있다. 그러나 실상은 자본금만으로 비유동자산을 커버하는 기업은 별로 없다고 봐야 한다. 특히 창업한 지 얼마 안 된 신생기업은 충분한 자본금이 없다. 그러므로 자본과 비유동부채를 합산해 비유동자산과의 균형을 확인한다.

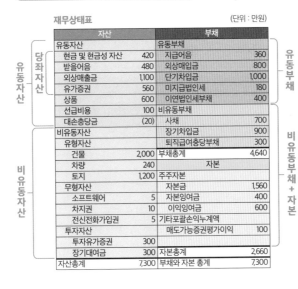

재무상태표

| 1년 이후에 회수하는 자산 | 비유동자산 | 비유동부채 | 1년 이후에 상환하는 부채 |
| | | 자본 | 상환하지 않는 자금 |

비유동자산 < 비유동부채 + 자본 설비투자에 큰 무리가 없고 자금운용도 원활하다.

비유동자산 > 비유동부채 + 자본 과다한 설비투자로 차입금 상환이 원활하지 않고 자금운용 흐름을 악화시킬 가능성이 있다.

좌우의 균형을 비교한다

재무상태표 (단위 : 만원)

자산		부채	
유동자산		유동부채	
현금 및 현금성 자산	420	지급어음	360
받을어음	480	외상매입금	800
외상매출금	1,100	단기차입금	1,000
유가증권	560	미지급법인세	180
상품	600	이연법인세부채	400
선급비용	100	비유동부채	
대손충당금	(20)	사채	700
비유동자산		장기차입금	900
유형자산		퇴직급여충당부채	300
건물	2,000	부채총계	4,640
차량	240	자본	
토지	1,200	주주자본	
무형자산		자본금	1,560
소프트웨어	5	자본잉여금	400
차지권	10	이익잉여금	600
전신전화가입권	5	기타포괄손익누계액	
투자자산		매도가능증권평가이익	100
투자유가증권	300		
장기대여금	300	자본총계	2,660
자산총계	7,300	부채와 자본 총계	7,300

- 유동자산 (당좌자산)
- 비유동자산
- 유동부채
- 비유동부채 + 자본

왼쪽 재무상태표의 경우, 유동자산 3,240만 원·당좌자산 2,560만 원·유동부채 2,740만 원이다. 연간 자금운용은 양호하지만 단기 자금운용은 별로 여유가 없는 편이다.

비유동자산 4,060만 원·비유동부채 + 자기자본 4,560만원이다. 여유가 있긴 하지만 단기 자금운용을 생각하면 빠듯하다.

16
재무상태표를
상세하게 살핀다

▌ 재무상태표의 이면을 읽는다

평가손익(→94쪽)과 같이 재무상태표도 기재된 자산이 실질적인 자산과
괴리가 있는 경우가 있다. 이러한 괴리도 파악하며 읽어보자.

외상매출금이나 받을어음이 불량채권일 가능성

일부 채권은 장기간 회수되지 않는 불량채권이 될 가능성이 있다. 매입
채무보다 매출채권이 지나치게 많을 때는 특히 주의해야 한다(→106쪽).
또 기업이 파산하는 등 실질적으로 회수 불가능한 채권이 발생하는 비
율(대손충당금 설정률)을 설정하는데, 대손충당금 증가율이 크다면 신용거
래에서 돈을 받지 못하는 경우가 늘어나고 있다는 뜻이다.

악성재고가 그릇된 판단을 하게 만든다

상품(제품)재고 중 손상되거나 유행에 뒤떨어져서 매출이 될 가능성이
거의 없는 악성재고가 재고자산(상품이나 제품 등의 재고)으로 계상되어
있으면 자금 안정성을 정확히 판단하지 못한다.

담보제공이 있다면 유동성이 매우 낮다

유가증권이나 정기예금은 차입금 담보로 제공되기도 한다. 이 경우 유
동성이 상당히 떨어진다고 볼 수 있다. 담보제공 유무는 주석(→129쪽)에
기재되므로 이 부분도 확인하자.

☑ 회계감사

주식을 공개한 기업(상장기업)은 재무상태표의 내용을 최대한 정확하게 표시해야 한다.
이를 준수했는지 확인하는 것이 공인회계사가 하는 회계감사다.

과거의 재무상태표에서 변화를 파악한다

당기 재무상태표와 과거의 재무상태표를 비교함으로써 기업 규모의 변화를 파악하고 자금운용과 비유동자산 규모의 변화도 확인할 수 있다.

과거의 재무상태표와 비교할 점

당기와 전기의 재무상태표를 비교할 때도 지금까지 살펴본 포인트를 기준으로 어떤 변화가 있는지 파악하자.

전기 재무상태표

유동자산	1,000	유동부채	1,200
비유동자산	1,200	비유동부채	500
		자본	500
총자산	2,200	총자본	2,200

전기의 문제점

● 비유동자산이 비유동부채+자본보다 많다. 설비투자 과잉 상태이다.
● 유동자산이 유동부채보다 적다. 자금운용이 빠듯하다.
● 자본금이 적다.

당기 재무상태표

유동자산	1,600	유동부채	1,400
		비유동부채	600
비유동자산	1,400	자본	1,000
총자산	3,000	총자본	3,000

전기와 비교해 알 수 있는 점

● 비유동자산이 비유동부채+자본보다 적다. 과잉 설비 투자가 개선되었다.
● 유동자산이 유동부채보다 많다. 자금운용이 개선되었다.
● 자본금이 증가했다.

이런 점도 확인하자

● 자본금이 증가했다면 그 원인이 투자인지 이익인지 확인하자. 증자로 인해 자본금이 증가했다면 출자자에게 지급할 배당금이 증가해 자금운용을 압박하기 때문이다.
● 유동자산의 내용도 확인하자. 현금 및 현금성 자산이 증가하는 것이 가장 바람직하다. 외상매출금이나 받을어음 등의 매출채권 증가는 매입채무(외상매입금·지급어음)와 얼마나 차이가 나는지도 확인해야 한다.

17
손익계산서로 기업의 이익을 확인한다

▌수익과 비용으로 이익을 알 수 있다

손익계산서는 수익과 비용을 기입해서 기업의 이익이 어느 정도인지를 명확히 나타내는 서류다. 수익과 비용을 대응시킴으로써 이익을 ❶ 매출총이익, ❷ 영업이익, ❸ 법인세차감전이익, ❹ 당기순이익, 이렇게 네 가지로 표시한다. 손익계산서는 영어로 profit and loss, 줄여서 PL이라고 한다.

두 가지 수익과 네 가지 비용, 네 가지 이익

두 가지 수익과 네 가지 비용, 네 가지 이익의 구조를 살펴보자.

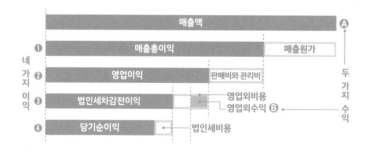

❶ 매출총이익 = 매출액 - 매출원가
❷ 영업이익 = 매출총이익 - 판매비와 관리비
❸ 법인세차감전이익 = 영업이익 - 영업외비용 + 영업외수익
❹ 당기순이익 = 법인세차감전이익 - 법인세비용

손익계산서를 볼 때는 네 가지 이익이 어떻게 변화하는지 순서대로 파악하자. 매출액의 크기는 경영 규모를 나타낸다. 당기순이익이 기업의 최종 이익을 나타내며, 마이너스이면 적자라는 뜻이다.

손익계산서 예시

제○기 2020.01.01.부터 2020.12.31.까지

◎◎ 주식회사 (단위 : 만원)

항목	금액	
매출액		9,000
매출원가		5,900
매출총이익		3,100
판매비와 관리비		2,300
영업이익		800
영업외수익		
이자수익	160	
투자유가증권처분이익	140	
기타	200	500
영업외비용		
이자비용	340	
비유동자산처분손실	200	
기타	160	700
법인세차감전이익		600
법인세비용		400
당기순이익		200

네 가지 비용 / 두 가지 수익 / 네 가지 이익

☑ 손익계산서는 결산 대상 기간을 집계한 것

재무상태표는 결산일 당일의 기업 상태를 나타낸다. 반면 손익계산서는 결산 대상이 되는 기간의 손익을 집계한 것이다. 그래서 손익계산서는 '○년 ○월 ○일'이 아니라 '○년 ○월 ○일부터 ○년 ○월 ○일까지'라고 표시한다.

18
매출총이익으로 상품력을, 영업이익으로 본업의 수익력을 파악한다

매출총이익으로 상품력을 파악한다

매출총이익은 매출액에서 매출원가를 차감한 금액(→32쪽)을 나타낸다. 기업의 주된 영업활동인 상품과 서비스에 관한 매출에서 그 매출을 내기 위해 직접적으로 든 비용을 차감하여 산출한 이익이다. 매출총이익은 그 기업의 상품력을 나타낸다고 할 수 있다.

매출총이익은 모든 이익의 원천이다

매출총이익은 다른 세 가지 이익(→110쪽)의 원천이다. 즉 다른 이익은 전부 매출총이익에서 차감된 금액이다.

$$\text{매출총이익} = \text{매출액} - \text{매출원가}$$

상품의 수익력   상품에 직접적으로 연관된 비용

매출액(→19쪽)은 본업으로부터 얻은 수익을 말한다. 수익은 매출에 포함되지 않는다.

부동산임대수입
이자수익
비유동자산처분이익
투자유가증권처분이익
영업외수익(→114쪽)

☑ 매출총이익에는 재고자산 원가가 반영되지 않는다

매출원가는 실제로 판매된 상품의 원가만 나타낸다(→60쪽). 매출이 증가하지 않아서 재고자산이 많이 쌓여있는 경우, 그 재고자산의 원가는 매출총이익에 반영되지 않는다. 판매 상황을 제대로 파악하려면 재무상태표의 재고자산 항목도 살펴봐야 한다.

영업이익으로 본업의 수익력을 파악한다

영업이익은 매출총액에서 판매비와 관리비를 차감한 금액이다. 판매비와 관리비는 매출을 올리기 위한 영업활동 등 기업의 주된 활동과 간접적으로 연관된 비용이다. 즉 영업이익은 매출액에서 기업의 주된 영업활동(본업)에 든 모든 비용을 차감한 이익이며, 본업의 수익력을 나타낸다.

영업이익을 보면 본업으로 이익을 낼 힌트를 찾을 수 있다

매출이 많아도 판매비와 관리비를 효율적으로 사용하지 않으면 영업이익이 감소한다. 영업이익은 기업이 본업을 통해 효율적으로 이익을 내고 있는지 알 수 있는 중요한 지표다.

영업이익 = 매출총이익 – 판매비와 관리비
= 매출액 – (매출원가 + 판매비와 관리비)

상품에 직접적으로 관련된 비용

매출원가를 낮추려면
- 매입처와 외주처와의 가격 협상
- 제조부문 효율화 등

두 가지 비용을 효율적으로 사용해
불필요한 지출을 통제하면 영업이익이 상승함

판관비를 낮추려면
- 불필요한 부서 정리
- 영업업무 효율화 등

영업이익을 확보하는 것이 회사를 존속하는 절대 조건이야!

다녀오겠습니다!

매출 증가(→19쪽)도 물론 중요하죠!

☑ 구조조정과 영업이익

구조조정이라고 하면 대량 해고를 연상시키지만, 본래는 사업 재구축을 의미하며 해고뿐 아니라 업무 전체의 효율화, 재고자산 삭감에 의한 보관비용 억제, 아웃소싱에 의한 고정비 삭감 등도 포함된다. 이런 삭감을 통해 영업이익을 증대하는 것이 구조조정의 최대 목적이다.

19

당기순이익으로 1년간의 성과를 파악한다

법인세차감전이익으로 재무 안정성을 포함한 기업의 실력을 파악한다

법인세차감전이익은 영업이익에 영업외수익을 더하고 영업외비용을 차감해서 구한다. 영업외수익과 영업외비용은 재무적 수익과 비용을 나타낸다. 다시 말해 법인세차감전이익으로 재무 안정성을 포함한 기업의 실력을 알 수 있다.

법인세차감전이익은 총자산의 규모와도 관련이 있다

자기자본(총자산)이 큰 기업은 차입금에 대한 지급이자가 적으므로 재무 안정성이 높다고 판단한다. 반대로 차입금이 과도하게 많은 기업은 이자를 지급해야 하므로 재무 안정성이 다소 떨어진다.

법인세차감전이익 = 영업이익 + 영업외수익 - 영업외비용

= (매출액 + 영업외수익) - (매출원가 + 판관비 + 영업외비용)

<u>기업의 수익력</u>   <u>기업 전체의 비용</u>

영업외수익에 포함되는 항목	영업외비용에 포함되는 항목
● 부동산임대수입 ● 이자수익 ● 배당금수익 ● 환차익 등	● 지급이자 ● 환차손 ● 매출할인 ● 어음매각손실 등

법인세차감전이익으로 회사의 수익력을 알 수 있다네.

손실이 나지 않도록 해야겠죠!

당기순이익은 1년간의 최종 이익

법인세차감전이익은 영업이익에 영업외수익을 더하고 영업외비용을 차감한 금액이다. 여기에 법인세비용을 차감하면 당기의 최종 이익인 당기순이익이 산출된다.

당기순이익은 1년간의 성과

당기순이익은 그 회사의 최종 이익이자 주주 등 출자자에 대한 배당의 원천이 된다. 당기순이익이 마이너스인 경우에는 당기순손실이라고 표현한다.

당기순이익 = 법인세차감전이익 - 법인세비용

이게 회사의 1년간의 성과네!

20 손익계산서는 과거의 수치와 비교하며 살펴본다

과거와 비교해 문제점을 분석한다

과거 몇 년간의 손익계산서를 대조하면 그 회사가 성장하고 있는지, 회사의 문제점은 무엇인지 알 수 있다. 적어도 3기는 대조해보자.

매출액과 이익의 변화를 비교한다

실제로 전기와 당기의 손익계산서를 비교해보자. 처음에 봐야 할 것은 매출액과 당기순이익이다.

손익계산서   (단위 : 만원)

항목	전기	당기
매출액	7,000	9,000
매출원가	4,500	5,900
매출총이익	2,500	3,100
판매비와 관리비	1,500	2,300
영업이익	1,000	800
영업외수익	300	500
영업외비용	550	700
법인세차감전이익	750	600
법인세비용	400	400
당기순이익	350	200

처음에 매출액과
당기순이익을 살펴본다

116

이익 변화를 살펴 문제를 파악한다

매출액과 당기순이익의 변화를 확인해서 회사 상황을 파악하고, 문제점이 있으면 그 원인이 무엇인지 찾는다. 특히 이익이 감소했다면 주의해야 한다.

매출액과 당기순이익의 변화에서 알 수 있는 회사 상황

수익 증가·이익 증가

전년도에 비해 매출액과 이익이 함께 늘어난 경우. 다만 매출액과 이익의 증가율에 차이가 있다면 원인을 파악해야 한다.

수익 감소·이익 증가

매출액이 감소하고 이익이 증가한 경우. 과감한 비용 삭감 효과가 나타났다고 판단한다.

수익 증가·이익 감소

매출액은 증가했지만 이익이 감소한 경우. 비용 증대 등이 원인이다.

수익 감소·이익 감소

매출액과 이익이 함께 감소한 경우. 신속하게 매출액 증대 또는 비용 삭감 대책을 세워야 한다.

전기보다 이익이 감소한 경우

수익이 줄었다면 매출액이 줄어든 원인을 살펴봐야 한다. 또한 그 밖에 이익이 줄어든 이유가 없는지 파악하기 위해 다음과 같은 점을 확인하자.

매출원가부터 법인세차감전이익 항목까지 순서대로 확인

어떤 항목의 이익이 감소했는지 확인하면 감소 원인을 알아낼 수 있다. 다음의 예는 영업이익에 문제가 있는 경우다.

손익계산서   (단위 : 만원)

항목	전기	당기
매출액	7,000	9,000
매출원가	4,500	5,900
매출총이익	2,500	3,100
판매비와 관리비	1,500	2,300
영업이익	1,000	800
영업외수익	300	500
영업외비용	550	700
법인세차감전이익	750	600
법인세비용	400	400
당기순이익	350	200

문제가 있는 이익을 결정하는 비용에 주목하자. 영업이익에 문제가 있다면, 그것은 판매비와 관리비가 증가했기 때문이다. 판매비와 관리비에서 어떤 항목이 늘었는지 확인하면 이익이 감소한 원인을 찾을 수 있다.

21
현금흐름표로
돈의 흐름을 알 수 있다

▌현금흐름표로 자금 수지를 확인한다

현금흐름표는 당기의 현금 수지를 정리한 재무제표다. 재무상태표와 손
익계산서로는 현금이 어떻게 움직였는지 확실하게 알아볼 수 없다. 현금
흐름표를 보면 어떤 원인으로 현금이 증감했는지 알 수 있다.

현금에는 현금과 현금성 자산이 포함된다

현금흐름표의 현금은 지폐와 같은 일반적인 현금만 의미하지 않는다. 보
통예금이나 당좌예금이 현금으로 취급받고, 또한 현금성 자산으로서 가
격 변동 위험이 적은 단기투자상품이 포함된다.

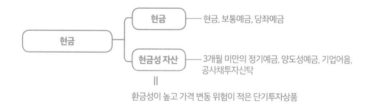

현금 ─┬─ 현금 ── 현금, 보통예금, 당좌예금
      │
      └─ 현금성 자산 ── 3개월 미만의 정기예금, 양도성예금, 기업어음,
                        공사채투자신탁
                  ‖
         환금성이 높고 가격 변동 위험이 적은 단기투자상품

☑ **양도성예금(CD)이란**

양도성예금은 타인에게 양도할 수 있는 정기예금을 말한다. 최저예금액은 500만원(은행
에 따라 1,000만원)이며 예치 기간은 30일~1년이다. 주로 회사가 결제수단으로 이용한다.

현금흐름표

현금흐름표에서 가장 주목해야 할 것은 ❶ 영업활동으로 인한 현금흐름(영업활동 현금흐름), ❷ 투자활동으로 인한 현금흐름(투자활동 현금흐름), ❸ 재무활동으로 인한 현금흐름(재무활동 현금흐름)이다. 특히 영업활동 현금흐름이 많으면 자금운용이 순조롭다고 판단한다.

현금흐름표

제○기 2020.01.01.부터 2020.12.31.까지

◎◎ 주식회사   (단위 : 만원)

I 영업활동 현금흐름	
당기순이익	800
감가상각비	400
대손충당금 증감액	400
이자수익과 배당금수익	(400)
지급이자	200
유가증권처분이익	(200)
비유동자산처분이익	(200)
매출채권의 증감	(400)
재고자산의 증감	400
매입채무의 증감	(200)
이자와 배당금 수익	200
이자 지급	(200)
법인세 지급	(200)
영업활동 현금흐름	**600** ❶
II 투자활동 현금흐름	
유가증권의 취득	(400)
유가증권의 처분	200
유형자산의 취득	(400)
유형자산의 처분	400
대여금의 대여	(400)
대여금의 회수	400
투자활동 현금흐름	**(200)** ❷
III 재무활동 현금흐름	
단기차입의 수입	200
단기차입금의 상환	(200)
장기차입의 수입	400
장기차입금의 상환	(400)
기타	200
재무활동 현금흐름	**200** ❸
IV 현금 및 현금성 자산에 관한 환산차액	0
V 현금 및 현금성 자산의 증가	600
VI 기초의 현금 및 현금성 자산	400
VII 기말의 현금 및 현금성 자산	1,000

현금흐름표로 자금운용의 실태를 파악할 수 있다!

이게 전부 현금의 움직임이라고?!

현금흐름표로 주목해야 할 세 가지

119

22
영업활동 현금흐름은
기업의 본업으로 인한 현금흐름

영업활동 현금흐름으로 기업 실태를 알 수 있다

영업활동 현금흐름은 상품의 매입, 판매 등 기업의 영업활동에 따른 자금의 움직임을 나타낸다. 영업활동 현금흐름을 시계열로 비교하면 해당 기업이 본업으로 자금을 착실하게 증대했는지 알 수 있다.

영업활동 현금흐름이 기업의 본업을 좌우한다

영업활동 현금흐름은 기업의 주된 영업활동을 통해 얼마나 현금이 증가 또는 감소했는지 나타내므로 기본적으로 플러스여야 한다. 만약 영업활동 현금흐름이 마이너스라면 그 기업이 영위하는 사업이 위기 상태라고 판단한다. 그리고 현재 상황이 플러스인지 확인하는 것뿐만 아니라 과거와 비교해 매년 증가하고 있는지도 확인하자. 마이너스가 지속되면 파산할 가능성도 있다.

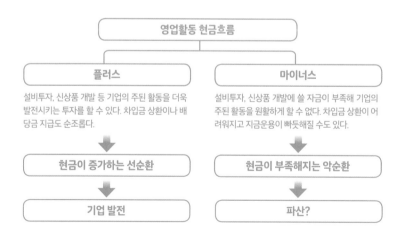

영업활동 현금흐름

플러스
설비투자, 신상품 개발 등 기업의 주된 활동을 더욱 발전시키는 투자를 할 수 있다. 차입금 상환이나 배당금 지급도 순조롭다.

→ 현금이 증가하는 선순환

→ 기업 발전

마이너스
설비투자, 신상품 개발에 쓸 자금이 부족해 기업의 주된 활동을 원활하게 할 수 없다. 차입금 상환이 어려워지고 자금운용이 빠듯해질 수도 있다.

→ 현금이 부족해지는 악순환

→ 파산?

영업활동 현금흐름은 법인세차감전이익에서 계산한다

영업활동 현금흐름은 손익계산서의 법인세차감전이익에서 조정 항목을 가감함으로써 계산한다. 손익계산서에서 비용으로 계상된 것 중 영업활동에 해당하지 않는 거래는 플러스로 취급한다.

영업활동 현금흐름 계산

(단위 : 만원)

영업활동 현금흐름		
당기순이익	800	❶
감가상각비	400	❷
대손충당금 증감액	400	❸
이자수익과 배당금수익	(400)	❹
지급이자	200	
유가증권처분이익	(200)	❺
비유동자산처분이익	(200)	
매출채권의 증감	(400)	❻
재고자산의 증감	400	
매입채무의 증감	(200)	
이자와 배당금 수익	200	
이자 지급	(200)	
법인세 지급	(200)	
영업활동 현금흐름	600	

❶ 법인세차감전이익에서 조정계산한다.

❷ 감가상각비는 현금 지출을 수반하지 않는 비용으로 공제된 것이므로 현금흐름표에서는 그 금액만큼을 더한다.

❸ 각종 충당금을 계상할 때는 실제로 현금 지출을 수반하지 않는다. 따라서 충당금이 증가했을 때는 이익으로 추가하고, 감소했을 때는 차감한다.

❹ 이자와 배당금은 영업활동에 해당하지 않으므로 수취한 것은 차감하고, 지급한 것은 가산한다.

❺ 유가증권이나 비유동자산 처분손익은 영업활동 외의 거래이므로 차감한다.

❻ 자산의 증가 또는 부채의 감소(차입금 상환)는 현금의 감소로, 자산의 감소 또는 부채의 증가는 현금의 증가로 취급한다.

☑ 직접법과 간접법

현금흐름표를 작성하는 방법에는 직접법과 간접법이 있다. 위와 같이 법인세차감전이익에서 계산하는 것은 간접법에 해당한다. 직접법은 영업수입 등 주요 거래별로 하나씩 집계하므로 좀 더 복잡하다.

23
투자활동과 재무활동 현금흐름은
마이너스여야 좋다?!

투자활동 현금흐름은
설비투자 등에 관한 자금흐름

투자활동 현금흐름은 비유동자산이나 투자유가증권에 대한 투자와 관련된 현금의 흐름이다. 기업의 발전을 위해 투자활동을 활발히 하는 기업은 투자활동 현금흐름이 마이너스로 표시된다.

성장을 중시하는 기업의 투자활동 현금흐름은 마이너스이다

기업이 하는 투자활동은 공장을 새로 짓는 등 설비투자가 대부분이다. 이런 투자는 현금 지출을 수반하지만, 기업이 성장하는 데 반드시 필요한 일이기도 하다. 따라서 투자활동 현금흐름이 마이너스인 기업은 성장을 중시하는 기업이라 할 수 있다. 반대로 부동산 등 비유동자산의 처분은 현금 수입이 되지만, 실적 부진에 따른 구조조정 대책을 단행한 결과일 수도 있다.

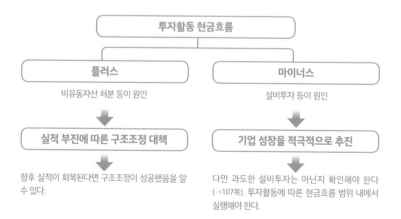

재무활동 현금흐름은 자금의 조달과 상환 흐름

재무활동 현금흐름은 차입금과 사채, 자본금과 관련된 자금흐름을 나타낸다.

재무활동 현금흐름은 기본적으로 마이너스이다

차입금 상환이나 배당금 지급을 하면 재무활동 현금흐름은 마이너스가된다. 따라서 재무활동 현금흐름은 기본적으로 마이너스다. 차입금과 사채, 증자 등으로 자금을 조달하면 현금이 늘어나므로 재무활동 현금흐름은 플러스가 된다. 그러나 그 차입금이 영업활동의 적자를 메우기 위한 수단인지, 아니면 설비투자를 위한 것인지에 따라 의미가 달라진다. 재무활동 현금흐름은 배경과 원인을 파악하는 것이 중요하다.

24
잉여현금흐름으로 사업이 발전할 가능성을 살펴본다

▎현금의 증감으로 회사 실적을 알 수 있다

영업활동·투자활동·재무활동 현금흐름을 각각 확인함과 동시에 회사 전체에 현금이 어느 정도 있는지 확인하는 것도 중요하다. 현금의 증감은 현금흐름표의 아랫부분에 있는 '현금 및 현금성 자산의 증가', '기초의 현금 및 현금성 자산', '기말의 현금 및 현금성 자산'으로 확인할 수 있다.

현금의 증가와 잔고로 자금운용을 확인한다

회사에 현금이 없으면 미래를 위한 투자는커녕 당장 영업에 필요한 상품 매입도 제대로 할 수 없게 된다. 만약 매입채무 등 당연히 지급해야 할 금액도 미루게 되면 회사에 신용문제가 발생하고, 자칫 부도가 날 수도 있다. 현금흐름표의 '현금 및 현금성 자산의 증가'가 플러스이면 기본적으로 그런 우려가 없이 순조롭게 자금운용이 되고 있다고 보면 된다.

Ⅳ 현금 및 현금성 자산에 관한 환산차액	0
Ⅴ 현금 및 현금성 자산의 증가	600
Ⅵ 기초의 현금 및 현금성 자산	400
Ⅶ 기말의 현금 및 현금성 자산	1,000

여기가 플러스이면 자금운용이 순조로운 상태. 마이너스이면 경고 신호

당기말의 현금잔고도 살펴봐야 한다. 차기에 대비한 현금이 충분히 있는지 확인하자.

☑ '현금 및 현금성 자산에 관한 환산차액'이란

외화예금 등 환차손을 조정해 현금에 반영한 것이 '현금 및 현금성 자산에 관한 환산차액'이다. 환차익이 발생하면 플러스, 환차손이 발생하면 마이너스가 된다.

잉여현금흐름이 사업을 발전시킨다

잉여현금흐름(free cash flow, FCF)은 기업의 주된 영업활동으로 창출한 잉여자금을 말하며, 기업이 자유롭게 쓸 수 있는 자금이다. 잉여현금흐름이 있으면 차입금 없이 기업 발전을 위해 투자할 수 있다.

잉여현금흐름을 계산한다

잉여현금흐름은 영업활동 현금흐름에서 사업을 유지하기 위해 최소로 필요한 설비투자금액 등을 제해서 계산한다. 이로써 회사가 실제로 자유롭게 쓸 수 있는 금액이 산출된다.

간략하게 다음과 같이 계산할 수도 있다.

잉여현금흐름 = 영업활동 현금흐름 + 투자활동 현금흐름

잉여현금흐름의 사용 용도

잉여현금흐름은 크게 ❶ 사업 확장, ❷ 주주 환원, ❸ 재무체질 개선의 세 가지 용도로 쓰인다.

25

현금흐름표는 유형별로 자금운용 상황을 파악한다

네 가지 유형의 분석

현금흐름표의 영업활동·투자활동·재무활동 현금흐름의 플러스와 마이너스 조합 유형으로 회사의 자금운용 상황을 추정할 수 있다.

현금흐름 조합을 네 가지 유형으로 분석한다

영업활동·투자활동·재무활동 현금흐름의 플러스와 마이너스 조합을 크게 네 가지로 분류할 수 있다. 영업활동 현금흐름의 비율이 클수록 좋다. 반면 재무활동 현금흐름이 지나치게 커지면 미래의 지급이자와 배당금에 관한 부담에 시달릴 수 있다. 특히 영업활동 현금흐름보다 재무활동 현금흐름이 큰 회사는 주의해야 한다.

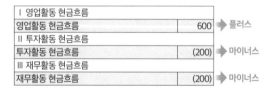

모범생형		
I 영업활동 현금흐름		
영업활동 현금흐름	600	➡ 플러스
II 투자활동 현금흐름		
투자활동 현금흐름	(200)	➡ 마이너스
III 재무활동 현금흐름		
재무활동 현금흐름	(200)	➡ 마이너스

영업활동 현금흐름이 크고 플러스이면 이익률이 높은 수익구조를 갖추고 있다는 말이다. 또 영업활동 현금흐름으로 생긴 자금을 투자활동 현금흐름에 돌려서 미래의 포석이 될 설비투자를 하고 잉여자금으로 차입금 상환이나 배당금 지급을 할 수 있는 상태다. 그야말로 이상적인 기업이라 할 수 있다. 영업활동 현금흐름:투자활동 현금흐름:재무활동 현금흐름이 8:1:1이면 상위 1% 모범생으로 생각할 수 있다.

Ⅰ 영업활동 현금흐름		
영업활동 현금흐름	300	➡ 플러스
Ⅱ 투자활동 현금흐름		
투자활동 현금흐름	(200)	➡ 마이너스
Ⅲ 재무활동 현금흐름		
재무활동 현금흐름	200	➡ 플러스

영업활동 현금흐름을 보면 현재 사업이 순조롭게 진행되고 있음을 알 수 있다. 또 본업으로 벌어들인 현금에 외부에서 조달한 자금을 합쳐 미래의 발전을 위해 설비투자 등을 하는 적극적인 회사라고 할 수 있다.

다시 시작형

Ⅰ 영업활동 현금흐름		
영업활동 현금흐름	100	➡ 플러스
Ⅱ 투자활동 현금흐름		
투자활동 현금흐름	200	➡ 플러스
Ⅲ 재무활동 현금흐름		
재무활동 현금흐름	(200)	➡ 마이너스

영업활동 현금흐름은 플러스이지만 본업이 본궤도에 오르지 않고 채산성이 좋지 않은 비유동자산 등을 처분하는 등 구조조정을 단행해 재무체질을 개선하고 있는 회사다. 구조조정에 성공하면 영업활동 현금흐름도 증가하고 실적이 우상향할 것이다.

막다른 골목형

Ⅰ 영업활동 현금흐름		
영업활동 현금흐름	(200)	➡ 마이너스
Ⅱ 투자활동 현금흐름		
투자활동 현금흐름	200	➡ 플러스
Ⅲ 재무활동 현금흐름		
재무활동 현금흐름	200	➡ 플러스

영업활동 현금흐름이 마이너스이므로 본업이 침체되어 있음을 알 수 있다. 그것을 만회하기 위해 차입금이나 자산처분으로 자금을 조달하는 상황이다. 기업의 존속이 위태롭지만 자금조달이 가능하므로 버틸 가능성도 있다.

현금 부족은 중대한 문제야!

26
다른 재무제표 서류도 눈여겨보자

▍자본변동표로 자본의 증감을 알 수 있다

자본변동표는 재무상태표의 자본 부분을 주주자본과 평가·환산차액, 신주예약권, 이렇게 세 가지로 나누어 전기말부터 당기말에 이르기까지 어떻게 변화했는지 나타낸 서류다.

주주가 눈여겨보는 자본변동표

자본변동표는 주주에 대한 배당금 액수와 회사의 임의적립금 등이 표시된다. 그래서 주주가 주목하는 재무제표 중 하나다.

자본변동표

	주주자본					평가·환산 차액	신주 예약권	자본 총계
	자본금	자본 잉여금	이익 잉여금	자기 주식	주주자본 총계			
전기말자본	10,000	600	2,900		13,500	1,000		14,500
당기변동액	2,000	500	1,200		3,700	20		3,720
당기말자본	12,000	1,100	4,100		17,200	1,020		18,220

전기 재무상태표

자본	
주주자본	
자본금	10,000
자본잉여금	600
이익잉여금	2,900
기타포괄손익누계액	
매도가능증권평가이익	1,000
자본총계	14,500

당기 재무상태표

자본	
주주자본	
자본금	12,000
자본잉여금	1,100
이익잉여금	4,100
기타포괄손익누계액	
매도가능증권평가이익	1,020
자본총계	18,220

자본변동표는 반드시 재무상태표의 자본 항목과 일치한다. 위의 자본변동표는 간략하게 표시한 것으로, 실제로는 잉여금의 배당, 당기순이익 등을 상세하게 알 수 있다.

▌주석은 재무제표의 중요한 정보

주석은 재무상태표와 손익계산서를 작성할 때 숫자로 표현하기 힘든 점을 주석으로 표기한, 이른바 재무상태표와 손익계산서의 설명서라 할 수 있다.

주석에 기재되는 사항

주석에는 주로 ① 중요한 회계방침과 연관된 사항에 관한 내용, ② 자본변동표에 관한 내용, ③ 기타 사항이 기재된다. 필요에 따라 재무상태표에 관한 내용, 손익계산서에 관한 내용, 세무회계에 관한 내용이 기재되기도 한다.

주석의 내용

각각의 주석에는 어떤 내용이 쓰여있는지 확인하자.

중요한 회계방침과 관련된 사항에 관한 주석
- 유가증권 평가 기준 및 방법
- 재고자산 평가 기준 및 방법
- 비유동자산의 감가상각방법
- 충당금 계상 기준 등

자본변동표에 관한 주석
- 연도말일의 발행주식 수
- 연도말일의 자기주식 수
- 사업연도 중 행한 잉여금에 관한 다음 사항
   ⓐ 금전배당의 경우는 그 금전의 총액
   ⓑ 현물배당의 경우는 그 재산의 장부가액의 총액 등

기타 주석
- 재산 또는 손익의 상태를 정확하게 판단하기 위해 필요한 사항

27
그룹사는 연결재무제표를 작성한다

연결재무제표로 기업 경영 상태를 정확하게 파악한다

연결재무제표란 한 기업뿐 아니라 그룹사 전체의 실적을 나타내기 위한 재무제표를 말하며 이렇게 결산하는 것을 연결결산이라고 한다. 그룹사는 그룹 내 거래로 인해 각 회사의 실력이 정확하게 나타나지 않는 경우가 있다. 그 때문에 연결결산이 필요하다. 또한 그룹 내 각 회사의 결산을 **단체결산** 또는 **별도결산**이라고 하며 그렇게 작성한 재무제표를 **별도재무제표**라고 한다.

별도재무제표로는 매출의 실태를 알 수 없다

별도재무제표만 작성하면 그룹사의 내부 거래를 통해 모회사의 매출을 실제보다 부풀려 보이게 할 수 있다. 이런 경우 모회사의 재무제표만으로는 매출 실태를 정확하게 알 수 없다.

모회사의 부풀린 매출 계상

모회사

이 상품을 사게!

자회사

아, 네… 또요?

팔리지 않은 재고상품을 자회사에게 강매함

자회사에 팔리지 않은 재고가 쌓임

흑자

모회사의 개별재무제표만 보면 모회사는 판매 능력이 있는 상품을 보유한 우량기업으로 보인다.

적자

연결재무제표로 그룹사 전체의 실적을 정리한다

연결재무제표를 작성할 때는 그룹 내 각 회사의 별도재무제표를 합산하고, 그중에서 그룹 내부 거래에 해당하는 것을 제외한다. 이로써 그룹 전체에 어느 정도의 자산, 부채, 자본, 수익, 비용이 있는지 알 수 있다.

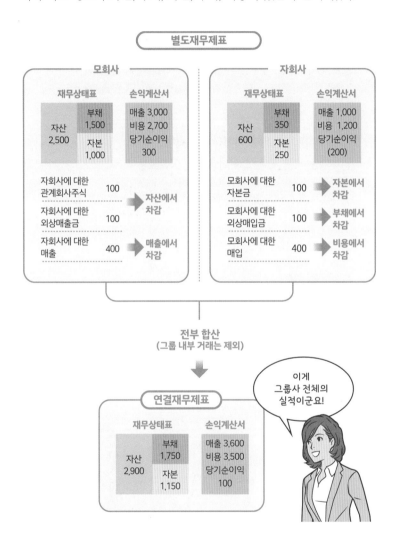

Column 03 재무제표는 어디서 볼 수 있을까?

상장기업의 재무제표는 홈페이지에서

주식회사는 1년에 1회 이상 재무제표를 고시할 의무가 있다(결산 공고). 신문에 게재되기도 하고 상장기업은 대부분 자사 홈페이지의 IR에서 재무제표를 공개한다. 또한 상장법인(코스피, 코스닥, 코넥스 등 유가증권 상장사)은 증권거래소(KIND)에, 비상장대법인(직전 사업연도말 기준으로 자산총액 1,000억원 이상)은 금융감독원(DART)에 재무제표를 제출할 의무가 있다.

중소기업의 재무제표는 어디서 구해야 할까?

앞에서 말했듯이 자산총액 1,000억원 이상인 중소기업도 결산 공고를 할 의무가 있다. 그럼에도 외부감사를 받기 전에 금융당국에 재무제표를 제출하지 않는 사례가 매년 나오고 있다. 재무제표를 일부 누락하거나 지연 제출할 경우 감사인 지정, 경고, 주의 등의 제재를 받는다.

각 회사의 홈페이지나 증권거래소(KIND), 금융감독원(DART) 등에서도 입수할 수 없을 때는 그 회사에 직접 문의하는 것이 좋다.

재무제표 제공 사이트

DART
금융감독원 전자공시시스템
https://dart.fss.or.kr/

KIND
한국거래소 기업공시채널
https://kind.krx.co.kr/

NAVER 금융
네이버 금융에서 종목명을 클릭하고 <전자공시>를 누르면 금융감독원 전자공시시스템의 자료가 나온다.
https://finance.naver.com/

회사 홈페이지에서 재무제표를 찾을 때는 <투자정보-IR> 등의 페이지를 찾아보자.

Chapter 04

업무와 재테크에
활용할 수 있는 경영분석

01

경영분석은
안전·수익·성장·효율을 본다

▌경영분석은 다각적인 능력 진단

회사 경영이 원활하게 이루어지는지 재무제표상의 수치를 이용해서 분석하는 것을 **경영분석**이라고 한다. 경영분석으로 안전성, 수익성, 성장성, 효율성을 평가해 그 회사의 능력을 알 수 있다.

실수분석과 비율분석

경영분석 기법은 **실수분석**과 **비율분석**으로 나뉜다. 실수분석은 재무제표에 기재된 수치를 그대로 사용한다. 비율분석은 재무제표의 수치에서 다양한 지표를 도출해서 분석한다. 비율분석이라고 하면 어렵게 느껴지지만, 실제로는 대부분 단순한 계산으로 할 수 있다.

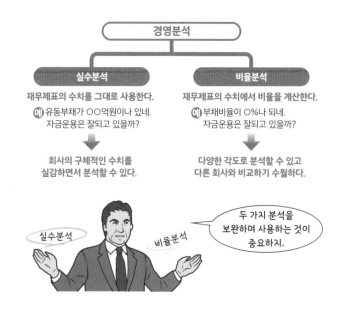

경영분석

실수분석	비율분석
재무제표의 수치를 그대로 사용한다.	재무제표의 수치에서 비율을 계산한다.
예 유동부채가 ○○억원이나 있네. 자금운용은 잘되고 있을까?	예 부채비율이 ○%나 되네. 자금운용은 잘되고 있을까?
회사의 구체적인 수치를 실감하면서 분석할 수 있다.	다양한 각도로 분석할 수 있고 다른 회사와 비교하기 수월하다.

실수분석

비율분석

두 가지 분석을
보완하며 사용하는 것이
중요하지.

경영분석에서 중요한 네 가지 관점

경영분석은 안전성, 수익성, 성장성, 효율성이라는 네 가지 관점에서 봐야 한다. 그럼으로써 회사의 모습이 명확해지고 중요한 기준을 몇 가지로 좁혀서 분석할 수 있다. 또 재무제표는 보는 주체에 따라 중시해야 할 사항도 다르다.

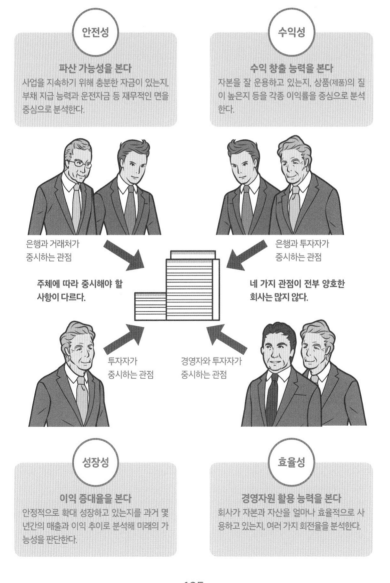

안전성

파산 가능성을 본다
사업을 지속하기 위해 충분한 자금이 있는지, 부채 지급 능력과 운전자금 등 재무적인 면을 중심으로 분석한다.

수익성

수익 창출 능력을 본다
자본을 잘 운용하고 있는지, 상품(제품)의 질이 높은지 등을 각종 이익률을 중심으로 분석한다.

은행과 거래처가
중시하는 관점

**주체에 따라 중시해야 할
사항이 다르다.**

은행과 투자자가
중시하는 관점

**네 가지 관점이 전부 양호한
회사는 많지 않다.**

투자자가
중시하는 관점

경영자와 투자자가
중시하는 관점

성장성

이익 증대율을 본다
안정적으로 확대 성장하고 있는지를 과거 몇 년간의 매출과 이익 추이로 분석해 미래의 가능성을 판단한다.

효율성

경영자원 활용 능력을 본다
회사가 자본과 자산을 얼마나 효율적으로 사용하고 있는지, 여러 가지 회전율을 분석한다.

02

경영분석은 과거 실적 및
동종업계 타사와 비교한다

▌ 개선책과 장래성을 파악한다

경영분석을 할 때는 반드시 다른 재무제표와 비교해야 한다. 당기 재무
제표 하나만 놓고 보면, 알 수 있는 점이 한정되어 있기 때문이다. 과거
의 재무제표나 동종업계 타사의 재무제표를 함께 놓고 대조해야 그 회
사에 필요한 개선책과 미래의 모습을 알 수 있다.

시계열 비교로 경영 노력과 미래의 모습을 예상한다

과거의 재무제표와 비교하는 것을 시계열 비교라고 한다. 가장 일반적인
것은 전기와 당기를 비교하는 2기 비교다. 그러나 더욱 상세하게 회사의
모습을 파악하고 싶을 때는 최저 4기분을 비교하는 것이 좋다. 과거 재
무제표를 비교해서 기업의 실적을 구체적으로 파악하고 미래의 경영에
활용하자.

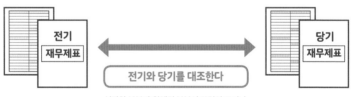

| 전기 | | 당기 |
| 재무제표 | | 재무제표 |

전기와 당기를 대조한다

성장한 부분과 침체된 부분이 또렷이 드러나
경영상 노력한 내용을 알 수 있고,
향후 필요한 개선책과 미래의 모습을 예상할 수 있다.

☑ 재무제표에서 드러나지 않는 부분도 분석할 수 있다

그 기업의 경영전략이나 상품 라인의 우열은 재무제표만으로는 알 수가 없다. 그러나 여
러 개의 재무제표를 비교분석하면 예상할 수 있다.

한 회사의 재무제표만 보면 그 결과가 그 기업만의 문제인지 업계 전체의 문제인지 파악하기 어렵다. 예를 들어 개별 기업뿐 아니라 동종업계 타사도 전반적으로 실적이 하락했다면, 그것은 업계 전체의 동향이라고 해석할 수 있다.

그 회사의 강점과 약점, 문제점이 드러난다.
또 업계 전체의 경향을 파악할 수 있다.

경영분석방법

경영분석은 안전성, 수익성, 성장성, 효율성 중 어떤 점을 중시할지 정하고 그 지표를 계산하기 위해 필요한 수치를 구하는 것부터 시작한다. 그런 뒤 과거 데이터와의 비교, 동종업계 타사와의 비교를 실행한다.

경영분석 순서

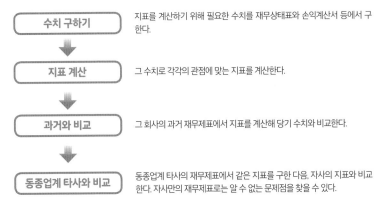

수치 구하기	지표를 계산하기 위해 필요한 수치를 재무상태표와 손익계산서 등에서 구한다.
지표 계산	그 수치로 각각의 관점에 맞는 지표를 계산한다.
과거와 비교	그 회사의 과거 재무제표에서 지표를 계산해 당기 수치와 비교한다.
동종업계 타사와 비교	동종업계 타사의 재무제표에서 같은 지표를 구한 다음, 자사의 지표와 비교한다. 자사만의 재무제표로는 알 수 없는 문제점을 찾을 수 있다.

03
안전성 지표 ①
유동비율

▌유동비율로 단기 상환 능력을 살펴본다

기업의 안전성을 확인하는 데 쓰는 첫 번째 지표는 **유동비율**이다. 유동
자산과 유동부채의 균형을 보는 유동비율로 기업의 단기 상환 능력을
확인할 수 있다. 단기 상환 능력이 크면 자금운용에 큰 문제가 없어서
파산 등 기업에 충격을 가할 위험성이 적다고 판단한다.

유동비율 계산방법

유동비율은 유동자산을 유동부채로 나누어 계산한다. 상환기한이 1년
이내인 부채에 대한, 현금화가 1년 이내인 자산의 비율을 산출함으로써
연간 상환자금 여력을 확인할 수 있다.

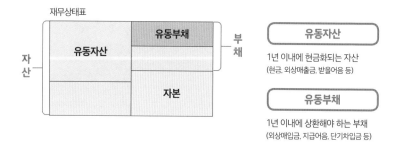

재무상태표

| 자산 | 유동자산 | 유동부채 | 부채 |
| | | 자본 | |

유동자산
1년 이내에 현금화되는 자산
(현금, 외상매출금, 받을어음 등)

유동부채
1년 이내에 상환해야 하는 부채
(외상매입금, 지급어음, 단기차입금 등)

유동비율(%) = 유동자산 ÷ 유동부채 × 100
- 유동비율은 높을수록 좋다.
- 100% 이하는 위험 신호다.
- 200% 이상이면 우량기업이라 할 수 있다.

유동비율을 이용하면 규모가 다른 회사도 각 기업의 안전성을 뚜렷이
알 수 있다.

A사의 유동비율

재무상태표   (단위 : 만원)

자산		부채	
유동자산		유동부채	
현금 및 현금성 자산	600	지급어음	400
받을어음	600	외상매입금	800
외상매출금	1,000	단기차입금	1,000
유가증권	500	미지급법인세	200
상품	900	이연법인세부채	400
선급비용	100	비유동부채	
대손충당금	(20)	사채	700
비유동자산		장기차입금	900
유형자산			

유동자산총계…3,680만원
유동부채총계…2,800만원

3,680만원 ÷ 2,800만원 × 100
= 약 131%

유동비율 131%

A사의 유동비율은 일단 안심할 수 있는 수준이며, 1년 이내의 자금운용에 큰 문제는 없다. 다만 회수하기까지 시간이 걸리는 매출채권과 악성재고 등을 보유했을 가능성도 있다. 유동비율이 크다고 해서 다른 점은 확인해보지 않고 안심하는 일은 없도록 하자.

B사의 유동비율

재무상태표   (단위 : 만원)

자산		부채	
유동자산		유동부채	
현금 및 현금성 자산	5,000	지급어음	8,000
받을어음	8,000	외상매입금	7,000
외상매출금	5,000	단기차입금	5,000
유가증권	2,000	미지급법인세	1,000
상품	1,000	이연법인세부채	600
선급비용	300	비유동부채	
대손충당금	(400)	사채	800
비유동자산		장기차입금	900
유형자산			

유동자산총계…2억 900만원
유동부채총계…2억 1,600만원

2억 900만원 ÷ 2억 1,600만원
× 100 = 약 97%

유동비율 97%

B사의 유동비율은 100% 이하이며 상환 능력이 불안한 상황이다. 1년 이내의 자금운용 계획을 치밀하게 세워야 한다. 매출채권 회수 기간을 단축시키고 지급채무의 지급기한을 연장하는 것이 중요하다.

A사와 B사를 비교했을 때 얼핏 B사가 자산도 많고 자금도 넉넉한 듯이 보이지만, 유동비율로 확인하면 자금운용에 문제가 있을 가능성이 있는 쪽은 B사임을 알 수 있다.

04
안전성 지표 ②
당좌비율

▋당좌비율로 즉각적인 상환 능력을 본다

유동비율과 비슷한 지표로 **당좌비율**이 있다. 당좌비율은 당좌자산과 유동부채의 균형으로 회사의 초단기 상환 능력을 확인할 수 있다. 언제든 현금화할 수 있는 자산을 얼마나 갖고 있는지 알 수 있다.

당좌비율 계산방법

당좌비율은 당좌자산을 유동부채로 나누어 계산한다. 상환기한이 1년 이내인 부채에 대한, 현금화하기 쉬운 자산의 비율을 확인함으로써 초단기 상환자금이 얼마나 있는지 파악한다.

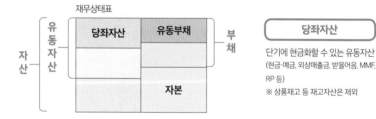

재무상태표

| 유동자산 | 당좌자산 | 유동부채 | 부채 |
| | | 자본 | |

자산

당좌자산

단기에 현금화할 수 있는 유동자산 (현금·예금, 외상매출금, 받을어음, MMF, RP 등)

※ 상품재고 등 재고자산은 제외

당좌비율(%) = 당좌자산 ÷ 유동부채 × 100

● 수치가 클수록 좋으며 100% 이상이면 우수하다고 본다.

☑ **MMF**(머니마켓펀드)**와 RP**(환매조건부채권)

MMF는 현금성 자산에 투자하는 펀드로서, 여기서 현금성 자산이란 콜거래나 CD, 만기가 하루 남은 국공채를 말한다. RP는 회사가 돈을 넣어두면 증권사가 일정 기간 동안에 대한 이자를 얼마만큼 주겠다고 약속한 채권이다. 증권사는 회사의 돈을 가져가는 대신 신뢰도가 높은 채권을 담보 형태로 넣어준다. 모두 회사의 단기 자산운용에 이용된다.

당좌비율로 동종업계 타사와 안전성을 비교한다

당좌비율을 이용해 계산해보자. 유동비율보다 더 자세히 기업의 단기 안전성을 비교할 수 있다.

A사의 당좌비율

재무상태표   (단위 : 만원)

자산		부채	
유동자산		유동부채	
현금 및 현금성 자산	600	지급어음	400
받을어음	600	외상매입금	800
외상매출금	1,000	단기차입금	1,000
유가증권	500	미지급법인세	200
상품	900	이연법인세부채	400
선급비용	100	비유동부채	
대손충당금	(20)	사채	700
비유동자산		장기차입금	900
유형자산			

당좌자산총계···2,700만원
유동부채총계···2,800만원

2,700만원 ÷ 2,800만원 × 100
= 약 96%

당좌비율 96%

A사의 당좌비율은 96%로 아주 양호하진 않지만, 그렇다고 걱정할 수준은 아니다. 업종에 따라 차이가 나지만 100% 이상이 되도록 노력해야 한다.

B사의 당좌비율

재무상태표   (단위 : 만원)

자산		부채	
유동자산		유동부채	
현금 및 현금성 자산	3,000	지급어음	8,000
받을어음	4,000	외상매입금	7,000
외상매출금	5,000	단기차입금	5,000
유가증권	2,000	미지급법인세	1,000
상품	7,000	이연법인세부채	600
선급비용	300	비유동부채	
대손충당금	(400)	사채	800
비유동자산		장기차입금	900
유형자산			

당좌자산총계···1억 4,000만원
유동부채총계···2억 1,600만원

1억 4,000만원 ÷ 2억 1,600만원
× 100 = 약 65%

당좌비율 65%

B사의 당좌비율은 65%로 꽤 심각한 상황이다. 유동비율이 적은 점을 함께 생각하면 신속하게 개선책을 세워야 할 것이다.

당좌비율이 80% 이하면 위험한 편이야.

단기 지급을 하기 어려운 상황이겠네요.

05
안전성 지표 ③
비유동비율

▌ 비유동비율로 설비투자의 타당성을 살펴본다

비유동비율(고정비율이라고도 한다)은 설비투자가 자기자본의 범위에서 이루
어졌는지 조사하는 지표다. 설비투자는 기업에 반드시 필요하지만, 과도
한 설비투자는 경영을 압박할 위험이 있다.

비유동비율의 계산방법

비유동비율은 비유동자산을 자기자본(자본총계)으로 나누어 계산한다.
비유동비율이 100% 이상이면 자본을 초과한 설비투자를 해서 차입금
에 의존하고 있다는 뜻이다.

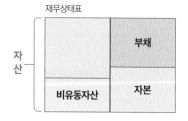

재무상태표

| 자산 | 부채 |
| 비유동자산 | 자본 |

비유동자산
현금 회수까지 1년 이상 걸리는 자산(토지, 건물, 기계, 투자유가증권 등)

자본(자기자본)
상환할 필요가 없는 자금(자본금, 이익잉여금 등)

비유동비율(%) = 비유동자산 ÷ 자본 × 100

- 비유동비율은 수치가 낮을수록 좋다.
- 200% 이상은 위험 신호다.

☑ 비유동장기적합률

비유동자산에 대한 투자가 자기자본과 비유동부채를 합한 범위에서 이루어졌는지 판
단하기 위한 지표다. '비유동자산 ÷ 장기자본(자기자본 + 비유동부채) ×100'으로 계산한다.

비유동비율로 동종업계 타사와 설비투자를 비교한다

비유동비율을 이용해 각 기업의 설비투자 타당성을 파악할 수 있다. 수치가 높을수록 안전성이 낮다는 의미다.

C사의 비유동비율

재무상태표				(단위 : 만원)
비유동자산		장기차입금	~~~	
유형자산		퇴직급여충당부채	300	
건물	1,000	부채총계	2,640	
차량	500	자본		
토지	400	주주자본		
무형자산		자본금	2,000	
소프트웨어	510	자본잉여금	400	
차지권	310	이익잉여금	1,200	
전신전화가입권	10	기타포괄손익누계액		
투자자산		매도가능증권평가이익	100	
투자유가증권	600			
비유동자산총계	3,330	자본총계	3,700	

비유동자산총계…3,330만원
자본총계…3,700만원

3,330만원 ÷ 3,700만원 × 100
= 90%

비유동비율 90%

C사의 비유동비율은 90%로 충분히 안정적이다. 자본 범위 내에서 적절한 설비투자가 이루어졌음을 알 수 있다.

D사의 비유동비율

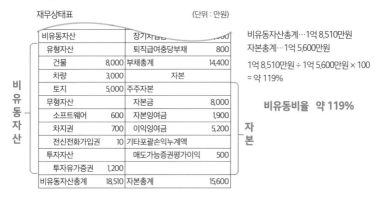

재무상태표				(단위 : 만원)
비유동자산		장기차입금	~~~	
유형자산		퇴직급여충당부채	800	
건물	8,000	부채총계	14,400	
차량	3,000	자본		
토지	5,000	주주자본		
무형자산		자본금	8,000	
소프트웨어	600	자본잉여금	1,900	
차지권	700	이익잉여금	5,200	
전신전화가입권	10	기타포괄손익누계액		
투자자산		매도가능증권평가이익	500	
투자유가증권	1,200			
비유동자산총계	18,510	자본총계	15,600	

비유동자산총계…1억 8,510만원
자본총계…1억 5,600만원

1억 8,510만원 ÷ 1억 5,600만원 × 100
= 약 119%

비유동비율 약 119%

D사의 비유동비율은 119%로 높은 편이다. 자본을 초과하는 설비투자가 이루어지고 있다. 비유동장기적합률을 이용해 비유동부채를 포함한 범위에서 투자가 이루어졌는지 확인해야 한다.

D사의 비유동장기적합률

D사의 비유동부채는 5,800만원이라고 한다.
1억 8,510만원 ÷ (1억 5,600만원 + 5,800만원) × 100 = 약 86%
비유동장기적합률은 90% 이내이므로 일단 안심할 수 있다.
다만 유용한 비유동자산에 투자하고 있는지 확인해볼 필요가 있다.

06 안전성 지표 ④ 자기자본비율

▌ 자기자본비율로 장기적인 재무 건전성을 평가한다

자기자본비율은 총자산에서 자기자본(자본)의 비율이 얼마나 되는지를 나타낸다. 자기자본비율이 높다는 것은 차입금에 의존하지 않고 경영하는 재무 건전성이 높다는 의미다.

자기자본비율 계산방법

자기자본비율은 자기자본을 총자산으로 나누어 계산한다. 이 비율이 높으면 차입금이 적고, 많은 자산이 자기자본으로 이루어져 있는 상태다. 또 이익이 충분히 축적되어 있다고 판단한다.

재무상태표

| 자산
=
총자산 | 부채 |
| | 자본
(자기자본) |

총자산
자산총계[(총자본(부채 + 자본)도 동일한 금액]

자본(자기자본)
상환할 필요가 없는 자금(자본금, 이익잉여금 등)

자기자본비율(%) = 자기자본 ÷ 총자산 × 100

● 자기자본비율은 수치가 높을수록 좋다.
● 50% 이상이면 우량기업으로 판단한다.

자기자본비율은
모든 업종에 중요한
지표예요.

자기자본비율로 동종업계 타사와 재무 건전성을 비교한다

자기자본비율이 높을수록 적절한 범위에서 차입하는 재무 건전성이 높은 회사라 할 수 있다.

E사의 자기자본비율

재무상태표 (단위 : 만원)

자산		부채	
유동자산총계	4,000	유동부채총계	1,600
유형자산총계	2,500	비유동부채총계	1,000
무형자산총계	200	부채총계	2,600
투자자산총계	1,100	자본	
		자본총계	5,200
자산총계	7,800	부채와 자본 총계	7,800

자산

자본

총자산…7,800만원
자본총계…5,200만원

5,200만원 ÷ 7,800만원 × 100
= 약 67%

E사의 자기자본비율은 약 67%로 충분히 안정적이다.

F사의 자기자본비율

재무상태표 (단위 : 만원)

자산		부채	
유동자산총계	18,380	유동부채총계	14,400
유형자산총계	11,500	비유동부채총계	14,000
무형자산총계	530	부채총계	28,400
투자자산총계	7,100	자본	
		자본총계	9,110
자산총계	37,510	부채와 자본 총계	37,510

자산

자본

총자산…3억 7,510만원
자본총계…9,110만원

9,110만원 ÷ 3억 7,510만원 × 100
= 24%

F사의 자기자본비율은 24%로 다소 낮은 편이다. 이 상태로는 앞으로 경영 안전성이 떨어질 가능성이 있다. 추가로 출자를 하거나(증자), 이익을 잉여금으로 내부유보해서 자기자본을 확충해야 한다.

☑ 내부유보

내부유보는 기업의 순이익에서 세금, 배당금, 임원 상여금 등을 제외한 나머지를 축적한 것이다. 임의적립금, 이익준비금, 이연이익잉여금 등이 이에 해당하며 배당금, 상여금 등을 외부유출이라고 한다.

Chapter
04
활용 Ⅰ 경영분석

07

안전성 지표 ⑤ 부채비율과
매출액 영업활동 현금흐름 비율

▌ 부채비율로 차입금 의존도를 파악한다

기업의 차입금이 과도하지 않은지 측정하는 지표로 **부채비율**이 있다. 대
부분의 기업은 차입금을 이용해 사업을 하지만, 과도한 차입금은 이자
부담을 키워서 경영을 불안정하게 만들 수 있다. 부채비율이 높을수록
회사 안전성은 낮아진다.

부채비율 계산방법

부채비율은 유이자부채를 자기자본으로 나누어 계산한다. 비율이 높을
수록 차입금이 많다는 뜻이다.

재무상태표

| 자산 | 유이자부채 |
| | 자본
(자기자본) |

유이자부채

부채 항목 중 이자가 발생하는 차입금(주로 단기차입금, 사
채, 장기차입금)

자본(자기자본)

상환할 필요가 없는 자금(자본금, 이익잉여금 등)

부채비율(%) = 유이자부채 ÷ 자기자본 × 100

● 부채비율은 낮을수록 좋다.

다음의 경우,
　유이자부채 ··· 3,000만원 / 자기자본 ··· 4,400만원
　3,000만원 ÷ 4,400만원 × 100 = 약 68%
부채비율은 68%이므로 다소 높은 편이다. 동종업계 타사와 비교해 지나치게 크지 않은지 확인하자.

매출액 영업활동 현금흐름 비율로 흑자도산할 가능성을 파악한다

매출액 영업활동 현금흐름 비율은 손익계산서와 현금흐름표를 이용해 회사의 안전성을 측정하는 지표다. 매출액 영업활동 현금흐름 비율이 높으면 매출이 원활하게 현금화되고 있다는 의미이므로 흑자도산할 가능성이 적다고 판단한다.

매출액 영업활동 현금흐름 비율의 계산방법

매출액 영업활동 현금흐름 비율은 영업활동 현금흐름을 매출액으로 나누어 계산한다. 비율이 낮을 때는 현금이 부족한 상태다. 이익이 발생해도 안정적인 상황이 아니라고 판단한다.

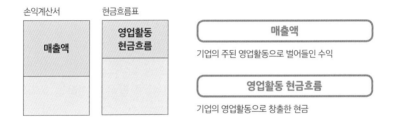

매출액 영업활동 현금흐름 비율(%) = 영업활동 현금흐름 ÷ 매출액 × 100

● 매출액 영업활동 현금흐름 비율은 높을수록 좋다.

다음의 경우,
    매출액 … 3억원 / 영업활동 현금흐름 … 2,000만원
    2,000만원 ÷ 3억원 × 100 = 약 7%
매출액 영업활동 현금흐름 비율은 7%로 상당히 낮은 편이며, 매출이 많이 발생했지만 현금이 부족한 상태다. 채권 회수 기간을 단축하는 등 신속하게 개선책을 세워야 한다.

08

수익성 지표 ①
매출액총이익률 · 매출액영업이익률

매출액총이익률로 이익을 쉽게 내는 체질인지 살펴본다

매출액총이익률은 매출총이익률이라고도 하는데, 이를 통해 기업이 이익을 쉽게 창출하는 체질인지 대략적으로 파악할 수 있다.

매출액총이익률 계산방법

매출액총이익률은 매출총이익을 매출액으로 나누어 계산한다. 매출액총이익률이 높으면 매입비용을 억제하고 상품가치를 높여서 판매하고 있다는 뜻이다. 즉 이익을 쉽게 내는 체질이라 할 수 있다. 반대로 매출액총이익률이 낮으면 매출이 커도 이익이 나지 않아 자칫하면 적자가 날 수 있는 체질이다.

손익계산서

매출액
매출총이익

매출액
기업의 주된 영업활동에서 발생한 수익

매출총이익
매출액에서 매출원가를 차감한 이익

매출액총이익률(%) = 매출총이익 ÷ 매출액 × 100

● 매출액총이익률은 높을수록 좋다.

업종에 따라 차이가 나니까 동종업계의 평균 이익률과 비교해야 하네.

서비스업의 경우 매출액총이익률이 타 업계보다 높은 편이죠.

매출액영업이익률로 기업의 주된 경영활동력을 파악한다

매출액영업이익률은 매출액에 대한 영업이익의 관계를 나타낸다.

매출액영업이익률 계산방법

매출액영업이익률은 영업이익을 매출액으로 나누어 계산한다. 이 수치로 경비 삭감이나 재무적 측면의 비용 삭감이 제대로 되었는지 확인할수 있다.

손익계산서

| 매출액 |
| 영업이익 |

매출액
기업의 주된 경영활동에서 발생한 수익

영업이익
기업의 주된 경영활동으로 벌어들인 이익

매출액영업이익률(%) = 영업이익 ÷ 매출액 × 100

● 매출액영업이익률은 높을수록 좋다.

두 가지 이익률로 수익성을 파악한다

다음 손익계산서에서 두 가지 이익률을 계산해보자.

손익계산서   (단위 : 만원)

항목	금액
매출액	9,000
매출원가	5,900
매출총이익	3,100
판매비와 관리비	2,300
영업이익	800
영업외수익	500
영업외비용	700
법인세차감전이익	600
법인세비용	400
당기순이익	200

매출액총이익률
  3,100만원 ÷ 9,000만원 × 100 = 약 34%

매출액영업이익률
  800만원 ÷ 9,000만원 × 100 = 약 9%

09

수익성 지표 ②
총자산이익률

> **총자산이익률로 회사의 총자산을 효율적으로 운용하는지 알 수 있다**

총자산이익률은 이익을 내기 위해 회사의 자산을 얼마나 효율적으로 운용했는지 알 수 있는 지표다. ROA(return on assets)라고 표기하기도 한다.

총자산이익률 계산방법

총자산이익률은 손익계산서의 당기순이익을 재무상태표의 총자산(부채와 자본 총계)으로 나누어 계산한다. 즉 기업이 가진 자산 대비 수익의 비율로 기업이 돈을 얼마나 잘 버는지 판단한다.

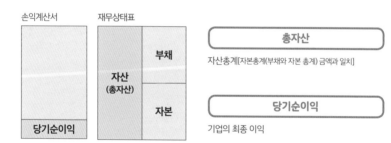

총자산이익률(%) = 당기순이익 ÷ 총자산 × 100

● 총자산이익률은 수치가 높을수록 좋다.
● 총자산이익률은 1% 이상이 적정하다.

총자산이익률로 이익을 내기 쉬운 체질인지 알 수 있다

총자산이익률은 주식이나 예금에 투자했을 때의 수익과 같다고 생각할 수 있다. 이를 통해 그 사업에 투자한 결과, 어느 정도 수익을 냈는지 알 수 있다.

손익계산서　　　(단위 : 만원)

항목	금액
매출액	79,000
매출원가	47,300
매출총이익	31,700
판매비와 관리비	27,800
영업이익	3,900
영업외수익	500
영업외비용	3,100
법인세차감전이익	1,300
법인세비용	780
당기순이익	520

재무상태표　　　(단위 : 만원)

자산		부채	
유동자산		유동부채	
현금 및 현금성 자산	3,500	지급어음	4,600
받을어음	4,000	외상매입금	3,500
외상매출금	4,200	단기차입금	3,500
유가증권	4,100	기타	2,800
상품	2,800	비유동부채	
기타	1,200	사채	4,500
비유동자산		장기차입금	5,500
유형자산	11,500	퇴직급여충당부채	4,000
무형자산	610	부채총계	28,400
투자자산	5,600	자본	
		주주자본	8,610
		기타포괄손익누계액	500
		자본총계	9,110
자산총계	37,510	부채와 자본 총계	37,510

총
자
산

총자산이익률
　520만원 ÷ 3억 7,510만원 × 100 = 약 1%
총자산이익률은 약 1%로, 허용 범위에 들어간다.

자기자본이익률 계산방법

자기자본이익률은 ROE(return on equity)라고 하며 기업이 자기자본을 효율적으로 운용해 수익을 내고 있는지 알 수 있는 지표다. 당기순이익을 자기자본으로 나누어 계산한다. ROE가 높으면 적은 자기자본으로도 효율적으로 이익을 내고 있다고 판단한다.

ROE(%) = 당기순이익 ÷ 자기자본 × 100
- 자기자본이익률은 높은 편이 좋지만, 지나치게 높아도 위험하다.
- 10~20% 정도가 적정하다.

자기자본이 적으면 ROE 수치가 저절로 높아지니까 ROE만 높다고 투자하지 말고 다른 지표도 참고해야 해요.

자기자본비율 등

151

10

효율성 지표:
여러 가지 회전율

회전율로 자산을 효율적으로 운용하는지 알 수 있다

효율성은 **총자산회전율, 자기자본회전율, 비유동자산회전율**이라는 세 가지 지표로 확인한다. 각각 회사가 사용한 돈이나 자산이 어느 정도 매출로 변했는지 알 수 있으므로, 자산이 효율적으로 운용되고 있는지 파악할 수 있다.

여러 가지 회전율 계산방법

회전율은 매출액을 각각 총자산, 자기자본, 비유동자산으로 나누어 계산한다. 회전율이 높을수록 자산을 효율적으로 운용해 성공적으로 매출을 올리고 있다고 판단한다.

매출액
기업의 주된 경영활동으로 벌어들인 수익

총자산
자산총계[총자본(부채와 자본 총계)과 일치]

자기자본
상환할 필요가 없는 자금(자본금, 이익잉여금 등)

비유동자산
현금화하기까지 1년 이상 걸리는 자산(토지, 건물, 기계, 투자유가증권 등)

총자산회전율(회) = 매출액 ÷ 총자산
총자산(총자본)이 1년간 어느 정도 매출로 회수되었는지 판단한다.

자기자본회전율(회) = 매출액 ÷ 자기자본
자기자본이 1년간 어느 정도 매출로 회수되었는지 판단한다.

비유동자산회전율(회) = 매출액 ÷ 비유동자산
비유동자산이 1년간 어느 정도 매출로 회수되었는지 판단한다.

회전율로 효율성을 확인한다

회전율이 높을수록 자금이 효율적으로 운용되고 수익성도 높다.

손익계산서 (단위 : 만원)

항목	금액
매출액	79,000
매출원가	47,300
매출총이익	31,700
판매비와 관리비	27,800
영업이익	3,900
영업외수익	500
영업외비용	3,100
법인세차감전이익	1,300
법인세비용	780
당기순이익	520

재무상태표 (단위 : 만원)

자산		부채	
유동자산		유동부채	
현금 및 현금성 자산	3,500	지급어음	4,600
받을어음	4,000	외상매입금	3,500
외상매출금	4,200	단기차입금	3,500
유가증권	4,100	기타	2,800
상품	2,800	비유동부채	
기타	1,200	사채	4,500
비유동자산		장기차입금	5,500
유형자산	11,500	퇴직급여충당부채	4,000
무형자산	610	부채총계	28,400
투자자산	5,600	자본	
		주주자본	8,610
		기타포괄손익누계액	500
		자본총계	9,110
자산총계	37,510	부채와 자본 총계	37,510

총자산→총자산

총자산회전율
7억 9,000만원 ÷ 3억 7,510만원 = 약 2.1회

자기자본회전율
7억 9,000만원 ÷ 9,110만원 = 약 8.7회

비유동자산회전율
7억 9,000만원 ÷ 1억 7,710만원 = 약 4.5회

회전율 기준은 업종에 따라 다르지만, 총자산회전율의 경우 대기업이나 공장 설비 등 자산 규모가 큰 제조업은 1~2회전을 기준으로 보고, 상품 회전이 빠른 중소 소매업이나 벤처기업은 3회전을 기준으로 본다. 자기자본회전율은 5회 이상이 적정하다고 본다. 또 비유동자산회전율은 제조업은 2.5회 이상, 유통업은 5회 이상이어야 좋다.

과잉 투자
악성재고 증가
불량채권 증가

회전율이 나쁜 원인으로는 이런 걸 생각할 수 있지.

☑ 상품회전율도 효율성 지표이다

상품회전율(→55쪽)도 효율성을 확인하는 지표에 해당한다. 상품이 신속하게 매출로 바뀌면 그만큼 효율적으로 수익을 낼 수 있다. 특히 식품 등 신선도가 중요한 상품은 상품 회전율이 높아야 한다.

Chapter
04
활용! 경영분석

11 성장성 지표: 증가율

증가율로 회사의 규모가 확장되었는지 확인한다

기업의 성장성은 매출액이나 이익을 매년 비교해 지표화하는 증가율로 알 수 있다. 주로 **매출액증가율**과 **영업이익증가율**을 살펴본다. 매출액증가율이 높으면 기업의 규모가 커지고 있다는 것을 알 수 있다.

증가율 계산방법

증가율은 당기 금액에서 전기 금액을 차감하고 그것을 전기 수치로 나누어 계산한다. 영업이익증가율은 반드시 매출액증가율과 함께 대조해야 한다.

손익계산서(전기)

매출액
영업이익

손익계산서(당기)

매출액
영업이익

매출액

기업의 주된 활동으로 벌어들인 수익

영업이익

기업의 주된 활동으로 창출한 이익

매출액증가율(%) = (당기매출액 - 전기매출액) ÷ 전기매출액 × 100
기업의 규모가 커지고 있는지 알 수 있다.

영업이익증가율(%) = (당기영업이익 - 전기영업이익) ÷ 전기영업이익 × 100
기업의 주된 활동 규모가 커지고 있는지 알 수 있다.

각 증가율도 반드시 동종업계 타사 및 업계 평균치와 비교하도록 하자.
동종업계 타사에 비해 증가율이 낮을 때는 원인을 파악해야 한다.

G사
손익계산서 (단위 : 만원)

항목	전기	당기
매출액	61,000	79,000
매출원가	36,000	39,300
매출총이익	25,000	39,700
판매비와 관리비	21,000	35,800
영업이익	4,000	3,900
영업외수익	530	500
영업외비용	3,060	3,100
법인세차감전이익	1,470	1,300
법인세비용	600	780
당기순이익	870	520

H사
손익계산서 (단위 : 만원)

전기	당기
415,000	468,000
234,000	273,000
181,000	195,000
164,000	175,000
17,000	20,000
9,160	8,780
17,220	18,050
8,940	10,730
3,600	8,300
5,340	2,430

G사의 증가율
매출액증가율
　(7억 9,000만원 - 6억 1,000만원) ÷ 6억 1,000만원 × 100 = 약 30%
영업이익증가율
　(3,900만원 - 4,000만원) ÷ 4,000만원 × 100 = 약 -2%

H사의 증가율
매출액증가율
　(46억 8,000만원 - 41억 5,000만원) ÷ 41억 5,000만원 × 100 = 약 13%
영업이익증가율
　(2억원 - 1억 7,000만원) ÷ 1억 7,000만원 × 100 = 약 18%

G사의 매출액증가율은 높지만, 영업이익증가율은 마이너스다. 수익은 증가하고 이익은 감소한 전형적인 상태
다. 매출액이 증가한 것 이상으로 판매비와 관리비가 늘었을 가능성이 있다. H사는 매출액증가율보다 영업이익
증가율이 높으며 판매비와 관리비를 억제하면서 매출을 증가시킨 것으로 보인다.

12
재무제표로 위험한 회사를 파악한다

| 여섯 가지 지표로 파산 가능성이 있는 회사를 확인한다

지금까지 안전성, 수익성, 효율성, 성장성이라는 네 가지 관점의 기초가 되는 지표를 알아봤다. 여기서 위험한 회사(파산 가능성이 있는 회사)를 확인할 때의 대표적인 여섯 가지 지표를 살펴보자.

반드시 확인해야 하는 지표와 기준

모든 지표는 재무상태표와 손익계산서에서 쉽게 도출할 수 있다.

지표	내용	제조업	판매업	위험 상태
상품회전율(→55쪽)	재고자산 적정도	12회전	20회전	제조업 6회전 이하 판매업 10회전 이하
유동비율(→138쪽)	지급 능력	150%	160%	100% 이하
당좌비율(→140쪽)	긴급 지급 능력	90%	90%	80% 이하
비유동비율(→142쪽)	설비투자 지급 능력	100%	120%	200% 이상
총자산회전율(→152쪽)	수익성	1회전	2회전	1회전 이하
비유동자산회전율(→152쪽)	설비투자 적정도	2.5회전	5회전	제조업 1회전 이하 판매업 2회전 이하

재무제표에서는 먼저 위의 지표를 확인하자. 위험 기준에 해당하는 항목이 있다면 상세하게 재무제표 내용을 분석해볼 필요가 있다. 그 회사의 과거 재무제표 및 동종업계 타사와 비교함으로써 어떤 점이 위험하고 그 원인이 무엇인지 밝힐 수 있다.

> ☑ 매출채권회전율로도 위험도를 확인할 수 있다
>
> 매출액 ÷ 매출채권(받을어음 + 외상매출금)으로 매출채권회전율을 알 수 있다. 이것은 대금 회수의 속도를 알기 위한 지표로 제조업은 6회전, 유통업은 8회전이 적절하다. 3회전 이하인 기업은 위험하다고 판단한다.

네 가지 포인트로 분식결산을 알아낸다

재무제표에 적힌 수치에서 다양한 경영분석을 할 수 있지만, 그 재무제표의 내용 자체가 바르지 않은 경우도 있다. 장부상 실적을 올리기 위해 실제 상황과 다른 수치를 고의로 기재하는 것을 **분식결산**(분식회계)이라고 한다.

분식결산을 간파하는 네 가지 포인트

분식결산을 한 재무제표에는 반드시 부자연스러운 점이 있다. 특히, 계상되어야 할 점이 계상되지 않았거나 액수가 적은 경우는 눈여겨봐야 한다. 다음 네 가지 포인트를 확인하도록 하자.

① 외상매출금이나 기말재고자산이 증가했다

외상매출금이 부자연스러울 정도로 많은 경우는 허위 매출을 올렸거나 회수 불가능한 외상매출금을 손익계상하지 않은 경우를 생각할 수 있다. 또 기말재고가 많을 때도 주의해야 한다. 기말재고가 증가하면 매출원가가 감소하고 이익이 증가하므로(→60쪽), 악성재고(→108쪽)의 손실을 고의로 계상하지 않는 등의 방법으로 분식결산을 하기도 한다.

② 외상매입금이나 미지급금이 적다

외상매입금이나 미지급금이 적을 때는 매입에 든 외상매입금이나 그 외 비용의 미지급금을 계상하지 않고 이익을 부풀렸을 가능성이 있다.

③ 감가상각비 계상이 적다

감가상각해야 하는 비유동자산에 대해 감가상각비 계상금액이 적다면, 비용 계상을 이월시켜서 이익을 부풀리려 할 가능성이 있다.

④ 충당금 계상이 적다

대손충당금이나 상여충당부채 등 필요한 충당금(→100쪽) 계상을 적게 추정해서 이익을 늘릴 수도 있다. 분식이라고 할 수 없는 경우도 있지만, 미래에 지급해야 할 돈을 제대로 마련해놓지 않으면 경영이 불안정해질 수 있으니 잘 살펴보자.

분식결산은 전기 재무제표와 비교하면 쉽게 찾을 수 있다.

13
실전! 경영분석 ①
야마다전기

▌ 야마다전기의 재무제표

일본의 전자제품 양판점 3사의 재무제표를 비교해보자. 먼저 매출액 업계 1위(2019년 기준)인 야마다전기부터 살펴보겠다(일본 기업의 재무제표 항목 중 일부를 한국 실정에 맞추어 수정함).

야마다전기의 재무상태표

연결재무상태표					(단위 : 100만엔)
연도	2018	2019	연도	2018	2019
자산			부채		
유동자산			유동부채		
현금 및 현금성 자산	52,040	51,681	지급어음과 외상매입금	98,550	114,006
받을어음과 외상매출금	45,968	62,848	단기차입금	129,796	237,096
상품과 제품	372,682	379,290	미지급법인세	4,757	10,701
원재료와 저장품	5,121	4,311	기타	74,112	74,706
재공품	5,657	3,856	유동부채총계	307,221	436,515
기타	49,868	58,015	비유동부채		
대손충당금	(1,840)	(1,540)	비유동부채총계	279,606	155,933
유동자산총계	529,500	558,463	부채총계	586,827	592,448
비유동자산			자본		
유형자산총계	428,068	420,623	주주자본총계	582,127	586,210
무형자산총계	40,287	34,901	기타포괄손익누계액	3,391	2,273
투자자산총계	177,711	170,053	신주예약권	1,153	1,493
비유동자산총계	646,067	625,578	비지배주주지분	2,068	1,616
			자본총계	588,740	591,593
자산총계	1,175,568	1,184,042	부채와 자본 총계	1,175,568	1,184,042

2019년도
안전성

유동비율 … 약 127.9%
당좌비율 … 약 26.2%
비유동비율 … 약 105.7%
자기자본비율 … 약 49.7%

● 안전성을 나타내는 지표인 당좌비율이 낮은 편이다. 다른 수치에는 특별한 문제가 없지만 단기간에 많은 돈을 지급할 능력이 낮다.
● 자기자본비율이 50%에 근접하고 있어 차입금에 의존하지 않는 경영을 하고 있음을 알 수 있다.

※ 단수 처리로 인해 각 계정과목 수치를 합계한 금액과 자산총계 등이 차이가 나는 경우가 있다.
※ 가독성을 높이기 위해 일부 계정과목을 '기타' 항목에 정리했다.

야마다전기의 손익계산서

연결손익계산서		(단위 : 100만엔)
연도	2018	2019
매출액	1,573,873	1,600,583
매출원가	1,135,758	1,159,592
매출총이익	438,114	440,990
판매비와 관리비	399,351	413,126
영업이익	38,763	27,864
영업외수익	15,646	16,973
영업외비용	14,394	19,740
법인세차감전이익	40,014	25,097
법인세비용	12,103	14,341
법인세조정	(1,018)	(4,038)
당기순이익	28,930	14,794

2019년도

수익성

매출액총이익률 … 약 27.6%
매출액영업이익률 … 약 1.7%

효율성

총자산회전율 … 약 1.4회
비유동자산회전율 … 약 2.6회

성장성(전년 대비)

매출액증가율 … 약 1.7%
영업이익증가율 … 약 -28.1%

- 수익성 지표는 문제가 없지만 모든 지표가 업계 3사 중 가장 나쁜 편이다.
- 효율성도 모두 업계 3사 중 가장 낮으며 업계 1위이면서도 보유자산을 원활하게 활용하지 못하는 모습을 볼 수 있다.
- 성장성은 매출액증가율은 플러스이지만 영업이익증가율은 마이너스로, 수익은 증가한 반면 이익은 감소했다. 판매비와 관리비가 증가한 금액을 매출 증가로 메우지 못했다는 뜻이므로 비용 삭감 대책을 세워야 한다.
- 매출원가, 판매비와 관리비 증가 금액이 수익이 증가한 금액보다 크다. 지출 내용과 투자 적절성 등을 세세히 따져봐야 한다.

야마다전기의 현금흐름표

연결현금흐름표		(단위 : 100만엔)
연도	2018	2019
영업활동 현금흐름	61,689	36,023
투자활동 현금흐름	(12,668)	(8,469)
재무활동 현금흐름	(32,920)	(27,461)
현금 및 현금성 자산에 관한 환산차액	243	(244)
현금 및 현금성 자산의 증가(감소)	16,345	(151)
기초의 현금 및 현금성 자산	34,981	51,326
기말의 현금 및 현금성 자산	51,326	51,175

- 영업활동 현금흐름, 투자활동 현금흐름, 재무활동 현금흐름이 플러스, 마이너스, 마이너스이므로 모범생 유형의 현금흐름표(→126쪽)라 할 수 있다.
- 영업활동 현금흐름 이상으로 재무활동과 투자활동을 하고 있다. 영업활동 현금흐름이 60% 정도로 감소했지만 다른 항목은 그 정도로 감소하지 않았다. 특히 크게 비중을 차지하는 재무활동 내용을 확인하도록 하자.
- 비유동부채가 크게 감소하고 투자활동이 활발하지 않게 된 점으로 보면 신규 차입을 억제하고 설비투자도 억제한 축소 경향이 엿보인다.

14
실전! 경영분석 ②
에디온

▌ 에디온의 재무제표

다음으로 매출액 업계 3위(2019년 기준)인 에디온의 재무제표를 살펴보
자(일본 기업의 재무제표 항목 중 일부를 한국 실정에 맞추어 수정함).

에디온의 재무상태표

연결재무상태표					(단위 : 100만엔)
연도	2018	2019	연도	2018	2019
자산			부채		
유동자산			유동부채		
현금 및 현금성 자산	8,227	9,035	지급어음과 외상매입금	47,130	31,139
받을어음과 외상매출금	34,530	36,339	단기차입금	21,166	3,998
상품과 제품	111,703	96,686	미지급법인세	3,835	3,971
기타	11,660	10,435	기타	41,773	46,822
대손충당금	(63)	(60)	유동부채총계	113,907	85,934
유동자산총계	166,059	152,436	비유동부채		
비유동자산			비유동부채총계	86,535	91,841
유형자산총계	137,758	139,970	부채총계	200,443	177,775
무형자산총계	8,772	8,202	자본		
투자자산총계	56,858	55,337	주주자본총계	175,323	184,870
비유동자산총계	203,389	203,511	기타포괄손익누계액	(6,327)	(6,698)
			비지배주주지분	8	–
			자본총계	169,005	178,172
자산총계	369,448	355,947	부채와 자본 총계	369,448	355,947

2019년도

안전성

유동비율 … 약 117.4%
당좌비율 … 약 52.8%
비유동비율 … 약 114.2%
자기자본비율 … 약 50.1%

● 안전성을 나타내는 지표인 유동비율과 당좌비율이
3사 중 가장 높다. 단기적인 자금운용 면에서 가장
안정적이다.
● 자기자본비율이 50%이므로 차입금에 의존하지 않
고 독립적인 경영을 하고 있다.

에디온의 손익계산서

연결손익계산서	(단위 : 100만엔)	
연도	2018	2019
매출액	686,284	718,638
매출원가	488,119	508,818
매출총이익	198,165	209,820
판매비와 관리비	182,786	191,977
영업이익	15,378	17,842
영업외수익	2,383	2,139
영업외비용	4,239	2,589
법인세차감전이익	13,522	17,391
법인세비용	5,363	5,900
법인세조정	(784)	(142)
당기순이익	8,943	11,633

2019년도

수익성

매출액총이익률 ··· 약 29.2%
매출액영업이익률 ··· 약 2.5%

효율성

총자산회전율 ··· 약 2.0회
비유동자산회전율 ··· 약 3.5회

성장성(전년 대비)

매출액증가율 ··· 약 4.7%
영업이익증가율 ··· 약 16.0%

- 수익성 지표인 매출액총이익률이 업계 3사 중 가장 높다.
- 효율성은 모든 항목이 3사 중 가장 높다. 타사에 비해 효율적으로 경영하고 있음을 알 수 있다.
- 성장성은 수익과 이익이 모두 증대했다.
- 영업외비용이 눈에 띄게 감소함으로써 당기순이익이 크게 증가했다.

에디온의 현금흐름표

연결현금흐름표	(단위 : 100만엔)	
연도	2018	2019
영업활동 현금흐름	21,553	28,304
투자활동 현금흐름	(8,944)	(12,419)
재무활동 현금흐름	(14,308)	(15,077)
현금 및 현금성 자산에 관한 환산차액	0	0
현금 및 현금성 자산의 증가(감소)	(1,699)	808
기초의 현금 및 현금성 자산	9,927	8,227
기말의 현금 및 현금성 자산	8,227	9,035

- 영업활동 현금흐름, 투자활동 현금흐름, 재무활동 현금흐름이 플러스, 마이너스, 마이너스이므로 모범생 유형의 현금흐름표(→126쪽)라 할 수 있다.
- 다른 회사의 투자활동 현금흐름은 마이너스 폭이 줄어들었지만, 에디온은 유일하게 활발한 투자활동을 하고 있다. 투자금액 자체는 문제가 없는 범위이지만 동종업계 타사가 투자를 억제하는 상황이니만큼 투자 내용을 확인하는 것이 좋다.
- 전년도에 마이너스였던 현금 및 현금성 자산의 증감액이 플러스로 전환했다. 기말의 현금 및 현금성 자산이 10% 정도 증가해 유동비율과 당좌비율을 높이는 데 공헌했다.

15

실전! 경영분석 ③
케즈전기

케즈전기의 재무제표

매출액 업계 4위(2019년 기준)인 케즈전기의 재무제표를 살펴보자(일본 기업의 재무제표 항목 중 일부를 한국 실정에 맞추어 수정함).

케즈전기의 재무상태표

연도	2018	2019	연도	2018	2019
연결재무상태표				(단위 : 100만엔)	
자산			부채		
유동자산			유동부채		
현금 및 현금성 자산	9,212	10,551	외상매입금	47,883	46,220
외상매출금	24,527	27,986	단기차입금	25,069	27,478
상품	135,093	144,974	미지급법인세	6,992	6,923
저장품	132	107	기타	29,040	28,601
기타	6,403	7,202	유동부채총계	108,987	109,224
유동자산총계	175,370	190,822	비유동부채		
비유동자산			비유동부채총계	52,310	45,149
유형자산총계	147,778	139,917	부채총계	161,298	154,373
무형자산총계	3,542	3,399	자본		
투자자산총계	76,967	76,017	주주자본총계	241,242	254,784
비유동자산총계	228,288	219,333	기타포괄손익누계액	35	(82)
			신주예약권	1,082	1,080
			자본총계	242,360	255,782
자산총계	403,658	410,156	부채와 자본 총계	403,658	410,156

2019년도
안전성

유동비율 … 약 174.7%
당좌비율 … 약 35.3%
비유동비율 … 약 85.7%
자기자본비율 … 약 62.1%

- 안전성을 나타내는 지표인 비유동비율이 낮은 편이다. 미래 성장에 필요한 투자까지 억제하고 있진 않은지 향후 수익성과 성장성을 보며 확인하자.
- 자기자본비율이 62.1%로 3사 중 가장 높다. 특히 주주자본총계가 높고 차입금에 의존하지 않는 경영을 하고 있음을 알 수 있다.

연결손익계산서		(단위 : 100만엔)
연도	2018	2019
매출액	679,132	689,125
매출원가	487,499	495,338
매출총이익	191,632	193,786
판매비와 관리비	160,868	161,064
영업이익	30,764	32,722
영업외수익	7,610	7,700
영업외비용	6,047	5,776
법인세차감전이익	32,327	34,647
법인세비용	11,511	12,301
법인세조정	(1,890)	(1,461)
당기순이익	22,706	23,807

2019년도

수익성

매출액총이익률 … 약 28.1%
매출액영업이익률 … 약 4.7%

효율성

총자산회전율 … 약 1.7회
비유동자산회전율 … 약 3.1회

성장성(전년 대비)

매출액증가율 … 약 1.5%
영업이익증가율 … 약 6.4%

- 수익성 지표 중 매출액총이익률이 1위는 아니지만 매출액영업이익률이 3사 중 가장 높다. 비용을 통제한 경영이 돋보인다.
- 그 근거로 매출원가 및 판매비와 관리비 증가율이 3사 중 가장 낮은 것을 알 수 있다.
- 효율성은 총자산회전율이 다소 낮은 편이다. 자산에 비해 매출액이 적기 때문이며 특히 자산의 약 35%를 점하는 '상품'의 상세 내용을 확인할 필요가 있다.
- 성장성 지표는 모두 양호한 수치를 기록하고 있다.

연결현금흐름표	(단위 : 100만엔)	
연도	2018	2019
영업활동 현금흐름	37,483	25,206
투자활동 현금흐름	(10,901)	(7,292)
재무활동 현금흐름	(24,872)	(16,574)
현금 및 현금성 자산에 관한 환산차액	(0)	0
현금 및 현금성 자산의 증가(감소)	1,708	1,339
기초의 현금 및 현금성 자산	7,503	9,212
기말의 현금 및 현금성 자산	9,212	10,551

- 영업활동 현금흐름, 투자활동 현금흐름, 재무활동 현금흐름이 플러스, 마이너스, 마이너스이므로 모범생 유형의 현금흐름표(→126쪽)라 할 수 있다.
- 3사 중 유일하게 현금 및 현금성 자산이 2기 연속 증가했다. 전년도에는 업계 3위의 에디온보다 많았지만, 당좌비율은 낮은 상태가 지속되고 있다.
- 외상매입금이 감소하고 상품이 증가한 점이 눈에 띈다. 판매되지 않은 상품재고에 관해 향후 추적해봐야 한다.

주식투자의 중요한 지표

EPS로 이익을 창출하는 능력을 살펴본다

여기서는 주식투자를 할 때 중요한 지표를 소개하겠다. 그중 하나가 EPS(주당순이익)로, 투자한 주식이 어느 정도 이익을 창출했는지 파악할 수 있다. 당기순이익을 발행주식 수로 나누어 계산하며 EPS가 높으면 그만큼 주식의 이익환원율이 높다는 뜻이다.

$$\text{EPS(원)} = \text{당기순이익} \div \text{발행주식 수}$$

PER로 그 주식이 비싼지 싼지를 파악한다

PER(주가수익비율)은 그 주식이 창출하는 이익과 주가를 비교해서 주식이 비싼지 싼지를 판단하는 지표다. 주가를 주당순이익(EPS)으로 나누어 계산한다. PER이 높으면 그만큼 주식이 이익에 비해 비싸다고 판단한다. 낮으면 그 주식은 저평가되어 있다고 해석한다.

$$\text{PER(배)} = \text{주가} \div \text{EPS}$$

예 : I사와 J사의 주가와 당기순이익, 발행주식 수			
I사		**J사**	
주가	1,800원	주가	1,800원
당기순이익	15만원	당기순이익	22만원
발행주식 수	300주	발행주식 수	600주
EPS = 15만원 ÷ 300 = **500원**		EPS = 22만원 ÷ 600 = 약 **367원**	
PER = 1,800 ÷ 500 = **3.6배**		PER = 1,800 ÷ 367 = **4.9배**	

주가가 동일할 경우, I사가 더 저평가되어 있다고 해석한다.

당신의 업무를 도와주는
경제학의 기본

01
기업의 실적은
경기 변동의 영향도 받는다

▌ 경기는 경제활동의 상태

기업의 실적은 경기의 영향도 강하게 받는다. **경기**는 사회의 경제활동 상태를 가리킨다. 경제활동이 활발하게 이루어지는 상태를 '경기가 좋다 (호경기·호황)'라고 하며 경제활동이 침체되어 생기가 없는 상태를 '경기가 나쁘다(불경기·불황)'라고 한다.

경기가 좋다·경기가 나쁘다

호황일 때는 상품과 서비스가 잘 팔리고 기업의 이익이 증가해 개인의 소득이 증가한다. 그러면 상품과 서비스가 더 잘 팔리는 식으로 사회에 돈이 원활하게 돌아간다. 반면 불황이 되면 상품과 서비스가 잘 팔리지 않아 기업의 이익이 감소하고 개인 소득이 줄어들면서 상품과 서비스가 더 팔리지 않게 되고, 결국 사회에 돈이 원활하게 돌지 않는다.

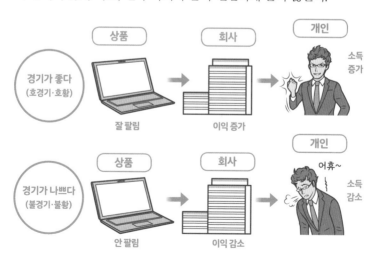

경기에는 네 가지 순환 유형이 있다

경기는 호경기 → 경기후퇴 → 불경기 → 경기회복 → 호경기와 같은 사이클을 반복한다. 이것을 **경기순환**이라고 한다. 이런 경기순환이 발생하는 이유로는 여러 가지 설이 있으며, 각각 주기가 다르다.

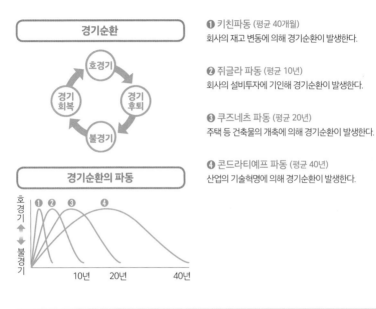

경기순환

호경기
경기회복
경기후퇴
불경기

경기순환의 파동

호경기 ↑↓ 불경기

10년　20년　40년

❶ 키친파동 (평균 40개월)
회사의 재고 변동에 의해 경기순환이 발생한다.

❷ 쥐글라 파동 (평균 10년)
회사의 설비투자에 기인해 경기순환이 발생한다.

❸ 쿠즈네츠 파동 (평균 20년)
주택 등 건축물의 개축에 의해 경기순환이 발생한다.

❹ 콘드라티예프 파동 (평균 40년)
산업의 기술혁명에 의해 경기순환이 발생한다.

경기를 판단한다

경기 동향은 주요 경제지표의 움직임을 가공·종합해 지수 형태로 나타낸 **경기종합지수**(composite indexes of business indicators, CI)로 판단한다. 통계청이 매달 작성해서 발표하고 있으며, 선행종합지수, 동행종합지수, 후행종합지수로 나뉜다. 지수가 전월에 비해 증가하면 경기상승, 감소하면 경기하강을 뜻한다.

제조업 입직자비율 재고순환지표
산업생산자 수 도소매판매액지수
상용근로자 수 도시가계소비지출

→ 경기 종합 지수 → 통계청에서 발표

경기종합지수는 통계청(국가통계포털 > 국내통계 > 주제별통계 > 경제일반 · 경기)에서 확인할 수 있다.

02
경제성장 지표인 GDP는
부가가치의 합이다

▌GDP는 경제성장 지표

GDP(국내총생산)는 국내 경제활동으로 발생한 부가가치의 합이다. 한 나라의 경제규모를 나타내는 중요한 지표이며 GDP 증가율로 국가 경제가 얼마나 성장하고 있는지 알 수 있다(경제성장률).

부가가치는 기업이 생산한 금액에서 원재료를 차감한 것이다

부가가치는 기업이 생산한 상품(재화)과 서비스 등의 생산액에서 원재료(중간투입물) 비용을 차감한 것이다. 회계에서 말하는 부가가치(→34쪽)와 비슷한 개념이다.

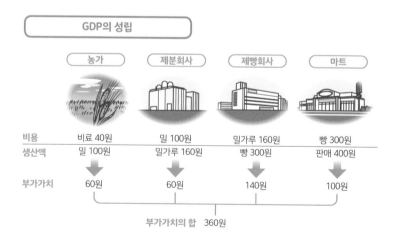

GDP의 성립

	농가	제분회사	제빵회사	마트
비용	비료 40원	밀 100원	밀가루 160원	빵 300원
생산액	밀 100원	밀가루 160원	빵 300원	판매 400원
부가가치	60원	60원	140원	100원

부가가치의 합 360원

※ 비료 40원도 비료회사 등의 부가가치의 일부이므로 최종 GDP에 포함된다.

명목GDP와 실질GDP

GDP에는 **명목GDP**와 **실질GDP**가 있다. 명목GDP는 그해의 시장가격을 근거로 산출한 GDP다. 실질GDP는 명목GDP에서 물가 변동(→170쪽)에 의한 영향을 배제한 GDP다.

명목GDP와 실질GDP의 차이

명목GDP가 1년 동안 1.5배로 상승했지만 물가도 1.5배로 상승했다면 실질적으로는 변화가 없는 셈이다. 위의 예에서 물가 상승분은 반영하지 않고 개수(생산물 수)의 상승분만 포함한 것이 실질GDP가 된다.

경제성장률이란

경제성장률은 GDP 증가율을 말하며 그 나라의 경제가 얼마만큼 변하는지 알 수 있다. '(금년도 실질GDP-전년도 실질GDP)÷전년도 실질GDP ×100'으로 산출한다. 실질GDP를 기준지표로 사용함으로써 올해 실질GDP가 작년보다 실질적으로 몇 퍼센트 증가(감소)했는지 알 수 있다.

'e-나라지표' 사이트(www.index.go.kr)에서 한국의 경제성장률과 도표, 수치를 찾아볼 수 있다(지표 보기 > 영역별 > 성장 > 국내총생산 및 경제성장률).

각국의 경제성장률

선진국의 경제성장률이 높은 경우는 매우 드물다. 높은 성장률을 자랑했던 중국도 2007년에 정점을 찍고 둔화되고 있음을 알 수 있다.

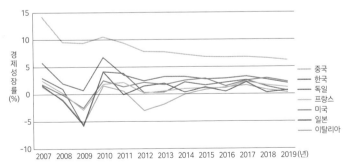

※ IMF의 「World Economic Outlook Databases」를 근거로 작성

03
물가 변동 요인과
물가지수

▌물가와 가격의 차이

물가는 모든 상품과 서비스의 가격을 평균적으로 본 가격수준을 말한다. 각각의 상품 가격처럼 'OO원'이라고 구체적인 가격이 있는 것은 아니다. 물가는 다양한 통계를 근거로 작성되는 지수로 나타난다.

물가는 경제 전체의 수요와 공급으로 결정된다

각각의 상품 가격은 그 상품에 대한 수요와 공급으로 결정된다. 마찬가지로 물가를 결정하는 요인 중 하나로서 경제 전체의 수요와 공급의 균형을 꼽을 수 있다. 수요가 증가하면 물가는 상승하고 수요가 감소하면 물가는 하락한다. 즉 수급이 변화하면 물가가 오르내린다. 물가가 상승하면 수요가 점차 감소하고 공급이 증가하면서 물가가 안정을 찾는다. 그 반대도 마찬가지다.

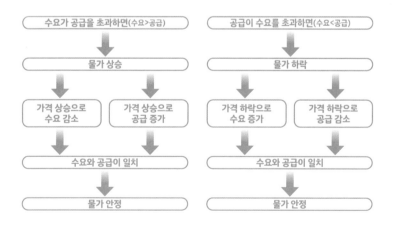

물가의 수요와 공급 균형을 변화시키는 요인

물가는 다양한 요인으로 변한다. 예를 들어 호경기로 소득이 증가하면 수요가 늘어나고 물가가 상승한다. 반대로 불경기가 되면 수요가 감소하고 물가는 하락한다. 그 밖에도 외국의 사회 정세에 따라 원유 등 원자재 값이 상승하면 물가가 오른다. 또 환율(→182쪽) 변동, 규제완화, 세제개편 등의 경제정책 및 경제구조 변화, 기술혁신, 통화공급량(→176쪽) 등 여러 요인으로 인해 물가가 변한다.

다양한 물가지수

실제로 물가를 나타내는 지수는 여러 가지가 있다. 대표적으로 **소비자물가지수, 생산자물가지수, GDP디플레이터**를 꼽을 수 있다.

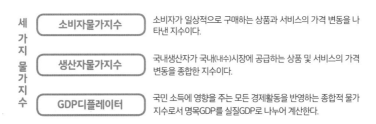

☑ 물가지수 계산과 기준 시점

소비자물가지수와 생산자물가지수 등은 기준 시점을 정하고 그해의 물가를 100으로 본다. 대상이 되는 해의 상품과 서비스의 가격 변화를 비율 계산하여 지수로 나타낸다.

171

04
인플레이션과
디플레이션의 문제점

▌인플레이션은 돈의 가치를 떨어뜨린다

인플레이션(인플레)은 물가가 지속적으로 상승하는 것을 의미한다. 인플레이션에는 호경기에 의해 수요가 증가하고 상품과 서비스의 가격이 상승함으로써 일어나는 수요 견인 인플레이션(demand-pull inflation)과 원유 등 원자재 값이 급등해서 일어나는 비용 상승 인플레이션(cost-push inflation)이 있다.

인플레이션의 문제점

인플레이션의 문제점 중 하나는 돈(통화) 가치가 하락하는 것이다. 원래는 개당 100원이면 살 수 있었던 빵이 인플레이션으로 200원이 된다. 이것은 인플레이션 전에는 100원이면 빵 1개를 살 수 있었는데, 인플레이션 후에는 반쪽밖에 사지 못한다는 말이다. 그만큼 돈의 가치가 떨어진 것이다. 따라서 구매할 수 있는 상품이 줄어들고(실질구매력 감소) 이는 가계에 부담으로 작용한다.

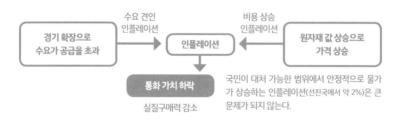

국민이 대처 가능한 범위에서 안정적으로 물가가 상승하는 인플레이션(선진국에서 약 2%)은 큰 문제가 되지 않는다.

하이퍼인플레이션 — 매년 물가가 10배, 20배 상승하는 극단적인 인플레이션을 말한다. 정세 불안 등 국가의 신용등급 저하로 인해 발생한다.

자산 인플레이션 — 부동산이나 주식 등 자산 가격이 지속해서 상승하는 현상을 말한다. 투기나 저금리 등으로 부동산과 주식 등 현물자산과 적정가격 간 괴리가 생기면 거품 경제가 발생한다.

디플레이션은 경제를 침체시킨다

디플레이션(디플레)은 물가가 지속적으로 하락하는 것을 의미한다. 디플레이션의 주된 원인은 불경기로 인해 수요가 공급보다 적어지는 것이다. 수요가 감소하면 회사는 상품 가격을 인하해 판매하려 한다. 그런 상태가 나라 전체에서 일어나면 디플레이션이 발생한다.

디플레이션의 문제점

디플레이션으로 상품 가격이 하락하면 얼핏 소비자에게 좋은 일로 느껴진다. 그러나 인플레이션과는 반대로 통화 가치가 오르기 때문에 돈을 벌기 어려워진다. 예를 들어 개당 100원인 빵이 디플레이션으로 50원이 되면, 디플레이션 전에는 매출을 100원 올리려면 빵 1개만 팔면 되었는데 디플레이션 후에는 2개를 팔아야 한다. 이런 식으로 디플레이션은 회사의 수익을 떨어뜨리며 경제를 침체시킨다.

공급이 수요를 초과 ▶ 디플레이션 ▶ 통화 가치 상승 ▶ 경제 침체

다만 원자재 값과 임금 등 모든 가격이 하락해서 수요와 공급이 조정된다면 별문제가 되지 않는다. 그러나 디플레이션인 상태에도 모든 상품과 서비스의 가격이 하락하지 않기 때문에 문제가 된다.

디플레이션 상태에도 가격이 하락하지 않는 것

임금
특히 정규직의 임금은 현실적으로 삭감하기 어려우므로 회사의 이익을 압박하는 요소가 된다. 결과적으로 경제 침체로 이어진다.

차입금
예를 들어 대출 상환금은 디플레이션이 되었다고 해서 줄어들진 않는다. 실질적으로는 상환금이 증가한 것과 같은 효과를 보이며 채무자 부담이 증가해 파산 사태가 발생한다. 결국 채권자에게도 나쁜 영향을 미친다.

디플레이션 스파이럴(악순환)
디플레이션으로 인해 불황이 되고 불황이 다시 디플레이션을 낳는 악순환이 장기간 반복되면, 이를 디플레이션 스파이럴이라고 한다.

디플레이션은 불황의 원인이자 결과인 거죠!

05
단기금리와 장기금리를 결정하는 요인은 같지 않다

▎금리는 돈의 렌털료

금리는 이자비율을 말한다. 이자는 돈을 빌릴 때 생기는 렌털료 같은 것으로, 예를 들어 100만원을 빌리고 1년 뒤 101만원으로 갚겠다고 약속했다면 1만원이 이자(렌털요금)이다. 즉 금리는 1%다.

자금 수요의 증감에 따라 금리도 오르내린다

금리를 결정하는 요인 중 하나는 수요와 공급이다. 경기가 살아나면 회사가 설비투자를 활발하게 함으로써 나라 전체에 많은 자금이 필요해진다. 즉 돈의 수요가 증가해 돈의 렌털료인 금리가 상승한다. 반대로 불황일 때는 금리가 하락한다.

금리가 상승하면 대출이 줄고, 수요가 억제되면서 경기가 안정된다.

수요가 늘면 가격이 오른다. 상품과 같은 원리로군!

훗

금리를 결정하는 요인

금리는 자금을 빌리거나 빌려주는 금융시장에서 결정된다. 금융시장은 만기 1년 미만인 거래를 하는 **단기금융시장**과 만기 1년 이상인 거래를 하는 **장기금융시장**으로 나뉜다.

단기금리는 한국은행이 결정한다

단기금융시장 중 하나인 **은행간거래시장**(인터뱅크시장)에는 초단기거래인 **콜시장**이 있다. 여기서 취급하는 무담보콜 금리에 연동해 단기금리가 결정된다. **무담보콜 익일물**은 금융정책(→179쪽)의 조정 대상인 정책금리 역할을 맡고 있으며 중앙은행이 단기금리를 결정한다고 할 수 있다.

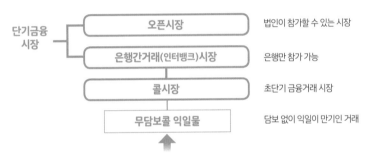

단기금융 시장		
오픈시장	법인이 참가할 수 있는 시장	
은행간거래(인터뱅크)시장	은행만 참가 가능	
콜시장	초단기 금융거래 시장	
무담보콜 익일물	담보 없이 익일이 만기인 거래	

중앙은행이 수요와 공급을 통제함으로써 금리가 결정된다

장기금융시장과 장기금리를 정하는 방법

장기금융시장에는 국채나 사채 등을 거래하는 채권시장과 주식을 거래하는 주식시장이 있다. 이 가운데 장기금리의 주요 지표가 되는 것은 국채다. 장기금리는 단기금리와 달리 '예측'에 의해 금리(이자)가 변화한다.

장기금리 결정

향후 인플레이션 예상	단기금리 상승 예상	장기채권 가격 하락	장기금리 상승
	정부에 의한 단기금리 상승과 주가 상승을 예상	고금리의 단기금융상품이나 주식 수요 증가, 장기채권 수요 감소	채권 구매가격 하락, 상환 시 이자 증가

06
통화량과 본원통화

▌통화량은 시중에 유통되는 화폐의 양

현금뿐 아니라 예금도 포함해 시중에 유통되는 돈의 양을 **통화량**(money supply)이라고 한다. 구체적으로는 정부와 은행을 제외한 개인과 법인이 보유한 통화잔고다. 실제로 통계를 낼 때는 총계 대상의 범위를 어디까지 정할지에 따라 몇 가지 지표에 의해 나뉜다.

통화량에 대한 통계는 네 가지로 나뉜다

통화량의 기본이 되는 통화는 ① 현금통화(중앙은행 발행통화+화폐유통액), ② 예금통화(보통예금, 당좌예금 등), ③ 준통화(은행의 저축성예금), ④ 양도성예금(CD)으로 나뉜다. 또 투자신탁이나 사채 등도 넓은 의미에서 통화에 해당한다. 통화량은 통화의 범위에 따라 다음 네 종류의 통화량으로 분류된다. 가장 대표적인 지표는 M3다.

지표	통화 범위
M1 (통화)	현금과 요구불예금(예금자가 인출을 원할 때 언제든지 인출 가능한 예금)
M2 (총통화)	M1+저축성예금
M3 (총유동성)	M2+큰 액수의 정기예금, 기관의 MMF, 단기 환매 가능 자산 및 기타 대규모 유동자산
Lf (통화유동자산)	M3+투자신탁·채권 등

✓ 통화량

통화량은 추세통화량, 화폐통화량, 'money stock', 통화공급량이라고 하기도 한다. 2020년 7월 5일 한국은행에 따르면 4월 말 총통화(M2)는 3,018조 6,000억원을 기록하며 3,000조원을 넘었다.

본원통화와 신용창조

본원통화(monetary base)는 중앙은행이 금융기관에 공급하는 통화를 말하며 구체적으로는 화폐발행액과 예금은행이 중앙은행에 예치한 지급준비금(→178쪽)의 합계다. 'high-powered money'라고 하기도 한다.

본원통화가 통화량을 늘린다

은행은 중앙은행에서 공급받은 본원통화를 원천으로 시중에 유통(대출)한다. 이때 신용창조라는 기능으로 본원통화가 또 다른 통화를 만들어내어 통화량이 늘어난다.

본원통화 ➡➡➡ 신용창조 ➡➡➡ 통화량

본원통화가 증가하면 통화량도 증가

신용창조로 통화량이 늘어난다

시중은행은 개인 등이 맡긴 예금 중 일정 비율을 지급준비금으로 남겨 놓고 그 외의 돈 중 상당수를 유통(대출)한다. 대출할 때는 예금을 실제로 옮기는 것이 아니라 대출처의 에금계좌 장부상에 금액을 늘리기만 하면 된다. 즉 은행이 대출을 하면 전체 예금이 증가하는 것이다. 이런 식으로 은행이 대출을 반복함으로써 예금, 즉 통화량이 증가하는 기능을 **신용창조**라고 한다.

신용창조

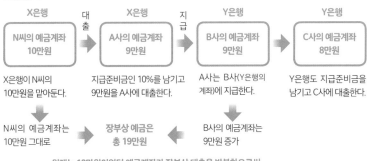

원래는 10만원이었던 예금계좌가 장부상 대출을 반복함으로써 증가하는 것이 신용창조라는 시스템이다.

신용창조를 반복해 예금, 즉 통화량이 증가

07
한국은행의 역할과
기본 금융정책

▌ 한국은행은 한국의 중앙은행

한 나라의 **금융정책**의 중심이 되는 은행을 **중앙은행**이라고 한다. 한국의 중앙은행은 한국은행이며 1950년 6월에 설립되었다. 한국은행의 전신인 조선은행은 중앙은행 업무와 상업금융 업무를 함께 취급했는데, 해산 후 중앙은행 업무는 신설된 한국은행이, 상업금융 업무는 상호은행이 인수했다(한국은행, **한국은행법제정사**, 2020 참조).

한국은행의 세 가지 역할

한국은행은 발권은행, 은행의 은행, 정부의 은행이라는 세 가지 큰 역할을 한다.

발권은행
한국 국내에서 유통하는 화폐는 전부 한국은행이 독점적으로 발권한다. 이로써 국내 자금량을 통제한다(다만 화폐를 실제로 발행하는 곳은 조폐공사다).

은행의 은행
한국은행이 거래하는 것은 정부와 민간 금융기관뿐이다. 한국은행의 당좌예금을 사용해 은행 간 거래의 결제와 융자를 처리한다.

정부의 은행
정부는 한국은행 내에 계좌를 보유하고 세금과 국채매매대금을 넣어둔다. 환율개입 등 외환처리 업무도 대행한다.

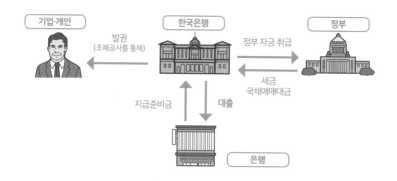

한국은행의 금융정책

한국은행은 물가 안정을 목표로 재정적 경제정책을 시행한다. **공개시장운영**(open market operation)과 **지급준비율 조정**이라는 두 가지 수단을 이용하는데, 지급준비율 조정을 시행하는 경우는 매우 드물다.

공개시장운영

한국은행의 금융정책은 주로 공개시장운영을 통해 이루어지는데, 이는 한국은행이 목표 금리를 정하고 공개시장에서 채권이나 어음 등의 유가증권을 매매해 본원통화(→177쪽)의 양을 조정하는 것을 말한다. 이때 환매조건부채권(RP)이 주로 쓰인다. 예를 들어 목표 기준금리가 연 1%라고 하면 한국은행은 RP 7일물, 즉 7일 뒤의 환매가격을 연 1%의 이자율에 맞도록 책정하고 시장의 요구에 따라서 RP를 사고판다.

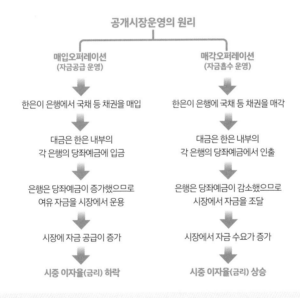

☑ 지급준비율 조정

시중은행은 예금액 중 일부를 중앙은행에 예치해놓도록 규정하고 있다. 이것을 지급준비금이라고 하며 그 비율을 지급준비율(지준율)이라고 한다. 이 비율을 조정해 금융정책을 실시하는 방법이 지급준비율 조정이다.

08
경제정책은 물가 안정과
경제성장을 목적으로 한다

▌ 금융정책의 흐름과 재정정책

한국은행과 정부는 물가 안정과 경제성장을 위해 경기와 물가 상황을
판단하여 금리와 통화량을 조절한다는 목표를 갖고 공공투자 등을 시
행한다.

금융정책의 목적은 인플레와 디플레의 진행 속도를 조절하는 것이다

호황일 때는 물가가 상승하고 인플레이션이 발생한다. 또 기업의 투자
의욕이 높아져 은행대출이 늘고 따라서 통화량도 증가한다. 그때 금리
인상 정책을 펼치면 투자 의욕이 사그라들면서 과열된 경기가 식는다.
또 한국은행이 시장에 채권이나 어음을 매각해 통화량을 줄여도(매각오
퍼레이션) 과열된 경기가 억제된다. 디플레이션의 경우에는 반대로 금리
인하 정책과 **매입오퍼레이션**을 시행한다.

금융규제

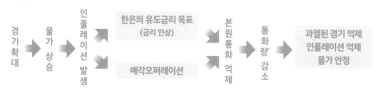

금융완화

양적완화는 금리 0%일 때 시행한다

불경기로 디플레이션이 진행하고 있을 때는 금리를 인하하는 양적완화 정책을 펼친다. 그러나 금리가 0%가 되어도 불경기·디플레이션에서 벗어나지 못하면 중앙은행 내의 각 은행의 당좌예금잔고를 기준으로 금융완화 목표를 조정해 금융완화 정책을 가속화한다. 이것을 **양적금융완화**라고 한다.

양적금융완화

본원통화가 증가하면 은행은 대출을 증가시킬 수 있다. 그것이 다양한 투자에 쓰여서 수요가 증가하고 경기 부양 및 물가 상승, 디플레이션 탈피로 이어진다.

물가안정목표제

중앙은행이 물가 상승률 목표치를 제시하고, 이를 달성하기 위해 금융정책을 시행하는 운영방식이다. 보통은 인플레이션을 억제하기 위해 실시하지만, 디플레이션 탈피를 목표로 할 때도 있다.

양적·질적 금융완화

양적완화를 유지하면서 중앙은행이 시장 금리를 관리하기 위해 매입하는 자산의 종류를 국채에서 회사채, ETF(상장지수펀드), 리츠까지 확대하는 것을 말한다.

정부에 의한 경제정책

정부에 의한 경제정책을 **재정정책**이라고 한다. 재정정책은 ① 공공투자, ② 감세·증세로 구성된다. 양쪽 다 국가 재정에 큰 영향을 미친다. 예를 들어 경기 부양을 실시할 때는 공공투자를 늘리거나 감세정책을 펼치는데, 둘 다 국가 재정을 압박한다.

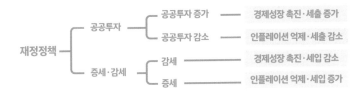

09
원화 가치 변동은 기업에
큰 영향을 미친다

▌환율은 수요와 공급으로 변화한다

환이란, 수표나 어음, 은행송금 등 현금을 사용하지 않는 결제수단을 말한다. 그중에서도 외국과의 거래를 결제할 때 쓰는 환어음을 **외환**이라고 한다.

환율 변동이 원화 강세·약세를 만든다

발행지와 지급지가 다른 통화는 정해진 비율에 따라 교환할 수 있다. 예를 들어 1달러가 1,000원일 때 10달러를 원화로 교환하면 10,000원이 된다. 이 교환비율을 **환율**이라고 한다. 다른 통화보다 원화 가치가 올라가도록 환율이 변동하는 것을 원화 강세라고 하고, 원화 가치가 떨어지도록 변동하는 것을 원화 약세라고 한다.

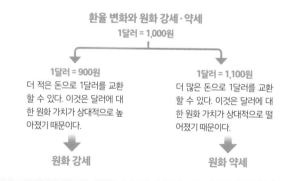

환율 변화와 원화 강세·약세

1달러 = 1,000원

1달러 = 900원
더 적은 돈으로 1달러를 교환할 수 있다. 이것은 달러에 대한 원화 가치가 상대적으로 높아졌기 때문이다.

원화 강세

1달러 = 1,100원
더 많은 돈으로 1달러를 교환할 수 있다. 이것은 달러에 대한 원화 가치가 상대적으로 떨어졌기 때문이다.

원화 약세

☑ 변동환율제도와 고정환율제도

한국처럼 환율을 고정하지 않고 시장의 추세에 따라 변동하는 제도를 변동환율제도라고 하며, 환율은 외화의 수요와 공급에 따라 결정된다. 반대로 환율의 변동을 인정하지 않거나 소폭 변동하는 제도를 고정환율제도라고 한다.

원화 강세 또는 약세가 되는 이유

원화 강세가 될지 약세가 될지는 수요와 공급으로 결정된다. 미국 달러를 원화로 바꾸고 싶은 사람이 증가하면 원화 강세가 되고(상대적으로 달러 약세) 원화를 달러로 바꾸고 싶은 사람이 증가하면 원화 약세(상대적으로 달러 강세)가 된다.

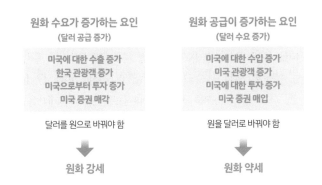

원화 강세·약세가 기업에 미치는 영향

원화 강세·약세의 변화는 기업에 큰 영향을 미친다. 원화 강세가 되면 수출기업은 달러로 받은 대금을 예전에 비해 불리한 환율에서 원화로 교환하기 때문에 수익이 감소한다. 그렇다고 수익을 유지하기 위해 상품 단가를 올리면 해외시장에서 경쟁력을 잃게 된다.

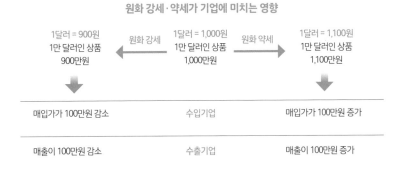

ㄱ

간접비 상품에 간접적으로 드는 비용. 여러 상품에 공통적으로 드는 비용.

감가상각 비유동자산을 내용연수에 따라 매년 비용을 분배해서 계상하는 것.

경기순환 호경기와 불경기를 반복하는 경기 변동. 일정한 주기가 있다.

계정과목 복식부기에서 분개 시 사용하는 항목. (예 : 현금, 예금, 외상매출금 등)

고정비 매출 변동과 상관없이 항상 일정하게 발생하는 비용.

공헌이익 매출이 1개 늘었을 때의 이익. 기업 내부에 남는 이익의 원천이 된다.

국내총생산 → GDP

ㄴ

내용연수 그 자산을 사용할 수 있다고 판단한 기간. 자산별로 내용연수가 정해져 있다.

노동분배율 회사가 창출한 부가가치를 얼마나 인건비에 할애하는지 판단하는 지표.

노동생산성 종업원 한 명이 부가가치를 어느 정도 창출하는지 나타내는 지표.

ㄷ

당기순이익 기업이 이룬 그 기의 최종 이익. 1년 동안의 성과를 나타낸다.

당좌비율 기업의 안전성 지표. 당좌자산과 유동부채의 균형으로 회사의 초단기 상환 능력을 확인할 수 있다.

당좌자산　현금, 예금, 매출채권 등 현금화하기 쉬운 자산.

대손　기업의 경영 악화 및 도산 등의 이유로 회수가 어려운 채권.

대손충당금　외상매출이나 어음 등의 매출채권 중 기말까지 회수하지 못한 것에 대해 회수가 불가능하다고 추정되는 금액.

디플레이션　물가가 지속적으로 하락하는 것. 통화 가치가 상승한다.

디플레이션 스파이럴　디플레이션으로 인해 불황이 되고 불황이 다시 디플레이션을 낳는 악순환을 장기간 반복하는 것.

ㅁ

매입원가　상품 매입에 드는 비용. 판매업에서는 매출원가가 이에 해당한다.

매입채무　매입에 대한 지급 의무. (예 : 외상매출금, 지급어음 등)

매출액　기업의 주된 영업활동으로 얻은 수익. '상품 단가×수량'으로 구한다.

매출액영업이익률　기업의 수익성 지표 중 하나. 기업의 주된 영업활동 능력을 파악한다.

매출액증가율　기업의 성장성 지표. 전기와 당기의 매출액 변화를 확인한다.

매출액총이익률　기업의 수익성 지표 중 하나. 기업의 상품력을 본다. 매출총이익률이라고도 한다.

매출원가　매출을 올리기 위해 직접 드는 비용.

매출채권　외상매출금, 받을어음 등 판매한 제품(상품)이나 서비스의 대금을 받을 권리.

매출총이익　매출액에서 매출원가를 차감한 이익. 모든 이익의 원천이다.

물가　모든 상품과 서비스의 가격을 평균적으로 잡은 가격수준.

ㅂ

변동비　기업의 매출 변화에 따라서 증감하는 비용.

복식부기　기업의 거래를 원인과 결과라는 두 가지 측면에서 분개하고 기록하는 방법.

본원통화　중앙은행이 금융기관에 공급하는 통화.

부가가치　기업의 사업활동을 통해 제품이나 서비스의 생산 과정에서 새로 덧붙인 가치. 경제학에서는 생산하는 과정에서 창출된 가치를 말한다.

부가가치생산성 → 노동생산성

부도 당좌예금 잔고가 부족해 지급기일이 다가온 어음이나 수표를 현금화하지 못하는 것.

부채 차입금 등 미래에 상환해야 하는 돈. 타인자본이라고도 하며 재무상태표의 오른쪽에 기재한다.

비용 매출을 올리기 위해 지급한 돈. 자산 감소의 원인이다.

비유동부채 상환기한이 1년 이상인 부채. (예 : 장기차입금, 사채 등)

비유동비율 기업의 안전성 지표. 설비투자가 자기자본의 범위에서 이루어졌는지 조사하는 지표.

비유동자산 결산일로부터 1년을 초과해도 현금화하지 못하는 자산. 토지, 기계설비 등의 유형자산과 특허권 등의 무형자산이 있다.

비유동장기적합률 기업의 안전성 지표. 비유동자산에 대한 투자가 자기자본과 비유동부채를 합한 범위에서 이루어졌는지 판단하기 위한 지표.

ㅅ

사채 기업이 자금을 조달하기 위해 발행하는 채권.

상환 채권 등의 원금이 미리 정한 일시에 변제되는 것.

손익계산서 기업에서 일정 기간에 발생한 수익과 비용, 이익을 기록한 표. 재무제표 중 하나.

손익분기점 매출액 고정비를 회수하고 손익이 0이 되는 매출액을 말한다. 즉 손익분기점 매출액보다 매출액이 크면 이익이 발생한다.

순자산 기업을 설립했을 당시의 자본금과 축적된 이익 등 기업 자본 중 상환할 필요가 없는 것. 자기자본이라고도 한다.

스테이크홀더 기업 내외의 이해관계자. 사내 종업원, 은행, 거래처, 주주 등을 포함한다.

신용거래 상품 또는 서비스에 대한 대금을 신용관계를 바탕으로 나중에 주고받는 것.

신용창조 은행이 대출을 반복함으로써 예금, 즉 통화량이 증가하는 기능.

안전한계율   장래에 매출이 감소하더라도 적자를 보지 않고 견딜 수 있는 여유 능력을 보여주는 지표.

양도성예금(CD)   타인에게 양도할 수 있는 정기예금. 최저예금액은 500만원 (은행에 따라 1,000만원)이며 주로 회사가 결제수단으로 이용한다.

연결재무제표   한 기업뿐 아니라 그룹사 전체의 실적을 나타내기 위한 재무 제표.

영업이익   기업의 주된 영업활동으로 얻은 이익. 매출총이익에서 판매비와 관리비를 차감한다.

외부유출   이익 일부를 기업 외부에 지급하는 것. (예 : 주주 배당금)

외상매입금   수령한 상품 및 서비스 중 아직 지급하지 않은 대금. 또는 그 대금을 지급할 의무.

외상매출금   납품한 상품 및 서비스 중 회수하지 않은 대금. 또는 그 대금을 받을 권리.

유가증권   주식이나 사채, 어음 등 재산 가치를 나타내는 증권.

유이자부채   부채 항목 중 이자가 발생하는 채무. (예 : 차입금, 사채, 기업어음 등)

이월이익잉여금   내년도로 이월하는 이익. 당기미처분 이익.

인플레이션   물가가 지속적으로 상승하는 것. 통화 가치가 하락한다.

임의적립금   법정적립금을 제외하고 주주총회 의결을 통해 기업이 임의로 정하는 적립금.

자기자본   → 순자산

자기자본비율   기업의 안전성 지표. 총자산에서 자기자본(자본)의 비율이 얼마나 되는지를 나타낸다. 이 수치가 높으면 기업의 재무 건전성이 높다고 평가한다.

자기자본이익률(ROE)   기업이 자기자본을 효율적으로 운용해 수익을 내고 있는지를 알 수 있는 지표. ROE가 높으면 적은 자기자본으로도 효율적으로 이익을 내고 있다고 판단한다.

자본변동표   재무상태표의 자본에 관해 전기에서 당기에 걸친 변화를 기록한 것. 재무제표 중 하나.

자산 현금을 창출하는 원천이 되는 회사의 재산. 재무상태표의 자산 항목에 표시된다.

자산 인플레이션 부동산이나 주식 등 자산 가격이 지속해서 상승하는 현상.

재고자산 상품재고 또는 원재료의 재고 등 회사가 매출을 올리기 위해 보유한 자산.

재무상태표 일정 시점의 기업의 재산과 그 재산의 원천이 된 자금을 정리한 재무제표.

재무제표 회사의 실적을 정리한 서류. 결산서라고도 한다. 주로 재무상태표, 손익계산서, 현금흐름표를 가리킨다.

정상영업순환기준 재무상태표에서 자산 및 부채를 구분할 때 정상적인 영업활동으로 발생하는 것을 유동 또는 비유동으로 구분하는 기준.

중앙은행 국가 금융기구의 중심이 되는 은행. 은행권 발행 및 금융기관에 대한 대출을 시행한다.

직접비 상품에 직접 드는 비용. 재료비 등 상품 한 개당 드는 비용을 분명히 알 수 있는 비용.

ㅊ

총자본 자본과 부채의 합계. 기업이 돈을 어떻게 조달했는지 나타낸다. 재무상태표의 오른쪽에 기재한다.

총자산 유동자산과 비유동자산의 합계. 기업이 돈을 쓰는 방식을 나타낸다. 재무상태표의 왼쪽에 기재한다.

총자산이익률(ROA) 기업의 수익성 지표. 이익을 내기 위해 회사의 자산을 얼마나 효율적으로 운용했는지 확인한다.

충당금(충당부채) 미래에 발생할 비용이나 손실 등 당기 비용으로 올릴 금액을 합리적으로 추정해서 재무상태표에 계상하는 것.

ㅌ

통화량 시중에 유통되는 돈의 양.

판매비와 관리비(판관비) 광고비 등 상품이나 서비스를 판매하는 데 드는 비용과 사무실 임대료 등 기업을 관리하는 데 드는 비용.

하이퍼인플레이션 매년 물가가 10배, 20배 상승하는 극단적인 인플레이션.

한국은행 한국의 금융정책을 실시하는 중앙은행.

현금흐름표 일정 기간의 현금 및 현금성 자산의 증감과 이유를 기록한 문서. 재무제표 중 하나.

흑자도산 이익이 발생해 흑자를 냈지만 현금 부족으로 거래처 등에 대금을 지급하지 못해 도산하는 것.

1년기준 재무상태표에서 자산 및 부채의 회수 기간이나 상환기한이 1년 이내인 것을 유동, 1년 이상인 것을 비유동으로 분류하는 기준.

CD → 양도성예금

GDP 국내 경제활동으로 발생한 부가가치의 합. 국내총생산.

MMF 콜거래나 CD, 만기가 하루 남은 국공채 등 현금성 자산에 투자하는 펀드. 머니마켓펀드의 약칭.

ROA(return on assets) → 총자산이익률

ROE(return on equity) → 자기자본이익률